编著 孙舒松

万物宝典

WANWUBAODIANYUQI

玉器

山西出版传媒集团

山西人民出版社

图书在版编目（CIP）数据

玉器／孙舒松主编.--太原：山西人民出版社，
2015.12
（万物宝典）
ISBN 978-7-203-09257-5

Ⅰ.①玉⋯ Ⅱ.①孙⋯ Ⅲ.①玉器—介绍—中国
Ⅳ.①K876.8

中国版本图书馆CIP数据核字（2015）第213703号

玉器

主　　编：孙舒松

责任编辑：张慧兵

装帧设计：张慧兵

出 版 者：山西出版传媒集团·山西人民出版社

地　　址：太原市建设南路21号

邮　　编：030012

发行营销：0351-4922220　4955996　4956039　4922127（传真）

天猫官网：http://sxrmcbs.tmall.com　　电话：0351-4922159

E－mail：sxskcb@163.com　　发行部
　　　　　sxskcb@126.com　　总编室

网　　址：www.sxskcb.com

经 销 者：山西出版传媒集团·山西人民出版社

承 印 厂：山西臣功印刷包装有限公司

开　　本：787mm×1092mm　1/16

印　　张：8

字　　数：120千字

印　　数：1-2000册

版　　次：2015年12月 第1版

印　　次：2015年12月 第1次印刷

书　　号：ISBN 978-7-203-09257-5

定　　价：68.00元

前　言
PREFACE

　　中国自古便有崇玉的风尚，早在公元前五千年左右的新石器时代河姆渡文化时期，便已有玉器出现，此后绵延不断地发展七千余年至今，这在世界范围内的各文化中是独一无二的。

　　中国人喜爱玉，与其质地有关。东汉许慎在《说文解字》中第一次提出了玉的定义，指出："玉，石之美。有五德。"即仁、义、智、勇、洁。这五德都是从玉的自然、物理属性派生而来。美玉温润、清越、致密、坚硬的质地，使中国自古有"君子以玉比德""君子如玉"的崇玉观念，且一直延续下来。东汉以后，以玉为对象的专论文献出现在宋代，如宋吕大临编《考古图》，南宋的《续考古图》，元《古玉图》，清光绪吴大澂编《古玉图考》，瞿中溶《奕载堂古玉图录》，唐荣祚《玉说》，陈性《玉纪》等。也就是说，对古玉的收藏鉴赏自宋代就已开始。

　　在东汉之前，关于玉的描述常散见于四书五经一类经典著述中，有些甚至记载了尧舜禹三帝时期帝王赠玉、贡玉、惜玉的情况。如《淮南子·秦族》载"尧赠舜以昭华之玉"；《书·禹贡》载："禹锡玄圭，告厥成功，瑶琨篠荡。""厥贡璆、铁、银、镂、砮、磬"，《孔传》对此加以解释为"瑶琨皆美玉""厥贡，惟球琳琅玕"，这里的琳，即碧青色美玉，球亦作璆，指美玉；《左传·哀公七年》又载："禹合诸侯之于涂山，执玉帛者万国。"《逸周书》载："伊尹为四方令曰：正南甄、邓、桂国、损子、百濮、九菌。请令以珠玑蝳瑁、象牙、文犀、翠羽、菌鹤、短狗为献。"则反映了夏末商初时期以玉进贡的情况。又有《逸·周书·世俘解》载："商王纣取天智玉琰五，环身厚以自焚，凡日厥有庶告，焚玉四千。""凡武王俘商旧玉亿有百万。"清代王念孙对此更正为"武王俘商获玉万四千"。但无论是亿百万或是万四千，商代晚期大量制玉、崇玉的事实却昭然若揭。在礼制最发达严格的西周时期，玉器则完成了其制度化、仪礼化的内涵转变。《礼记·玉藻》有"古之君子必佩玉，君子无故，玉不去身""君子于玉比德焉""古之君子必佩玉""凡带必有佩玉"等记载，《礼记·经解》载"行步则有环佩之声"，《诗·秦风·小戎》有"言念君子，温其如玉"，说明玉已经作为道德精神的象征，广泛为人们佩戴。又有孔丘云："温润而泽，仁也缜密以粟，知也；廉而不刿，义也；垂之如坠，礼也；叩之其声清越以长，其终日绌然，乐也；瑕不掩瑜，忠也；孚尹旁达，信也；气如白虹，天也精神见于山川地也；圭璋特达德也。天下莫不贵者，道也。"汉代董仲舒在《春秋繁露》中云："公侯贽用玉，玉润而不污，至清洁也，古君子比之如玉。玉有瑕秽必见于外，故君子不隐所短。"从这些史料中，我们可以看出玉在古代社会的用途、价值及人们对它的情感寄托。

同时，古玉的大量出土，又从实物上补充了史料匮乏的上古时期玉器发展过程。夏鼐先生晚年运用考古学方法，对商代玉器的分类、定名和用途作了科学论证，他以为商代的主要玉器可以分为礼玉、武器与工具、装饰品三大类。本书以此分类为依据，综合商代前后各时期玉器的特点，将玉器分为礼玉、饰玉、器玉、冥玉四大类。

目 录
CONTENTS

第一篇

礼玉

LIYU

礼玉又称瑞玉，是在原始社会条件下，在一定实用器物的基础上，与图腾崇拜、生殖崇拜、祖先崇拜等原始信仰对象及祭祀、仪礼相伴而生的。它是巫师在祭祀活动中使用的特殊工具，被赋予了神圣的外衣。《周礼·春官·大宗伯》载："以玉为六器，以礼天地四方，以苍璧礼天，以黄琮礼地，以青圭礼东方，以赤璋礼南方，以白琥礼西方，以玄璜礼北方。"这里的璧、琮、圭、璋、琥、璜，都是不同形制玉器的称谓，故班固《白虎通义》中有"何谓五瑞，圭、璧、琮、璜、璋"。《周礼·秋官·大行人》有"成六瑞，王用镇圭""男执蒲璧"，郑玄注曰"或以蒲为缘饰，璧皆径五寸"。《周礼·玉人》载："镇圭尺有二寸，天子守之。以四镇之山为缘饰取安定四方之义，以纽约其中央，谓之必，执以备失坠。亦作珥圭。"《礼记·玉藻》载："天子搢珽，方正于天下也。"郑玄注曰："此亦笏也，谓之珽。珽言珽无所屈也，或谓之大圭，长三尺抒上，终葵首。""世子佩瑜玉""君享用璧，夫人用琮，天地配合之象也。"孔颖达《疏》

云："圭璋，玉中之贵也。诸侯朝王以圭，朝后执璋。"《仪礼·聘礼》中还有"受享束帛加璧；受夫人之聘璋，享玄纁，束帛加琮，皆如初。"《礼记·聘义》载："圭璋特达德也。"孔颖达《疏》云："聘享之礼有圭、璋、璧、琮。""璧、琮则有束帛加之，乃得达，圭璋则不用束帛，故云特达。"这套周礼规范下的礼玉制度一直延续到后世。《史记·武帝本纪》载"有司奉瑄玉"。裴骃《集解》中引孟康曰："璧大六寸谓之瑄，祭天用大璧。"可见，每一种礼玉都有其特定的用途，何人何时执何玉都有一套仪礼制度的规范。

除了在平日的礼仪中使用以外，礼玉也是天子诸侯等上层阶级丧葬中不可缺少的陪葬物品。《尚书·周书·顾命》记载了周成王将崩时，恐太子钊不能胜任，嘱咐大臣眷顾嗣主。成王逝世后，第七天昭公命布置丧礼器物。书中有"越玉五重"：弘璧（大璧）、琬（圆顶圭）、琰（尖顶圭）、大玉（华山出美玉雕玉）、夷玉（东北出的美玉）。《周礼·春官·典瑞》载："驵圭、璋、璧、琮、琥、璜之渠眉，疏璧琮以殓尸。"郑玄注曰："圭在左，璋在首，琥在右，璜在足，璧在背，琮在腹，盖取象方明，神之也。疏璧琮者，通于天地。"

在此五重之外，还有一些玉器也在礼玉之属，有环、瑗、簋、盘、戈、戚、大刀、矛、钺等。《尔雅·释器》载："圭大二尺，谓之玠，璋大八寸，谓之琡，璧大六寸，谓之瑄，肉倍好，谓之璧，好倍肉谓之瑗，肉好若一谓之环。"郭璞注曰"瑗孔大而边小"，这里的"肉"即玉的边，"好"即玉的孔；肉倍好，即边宽比径孔大一倍，好倍肉即孔比边宽大一倍，肉好若一，即边宽和孔如一。而戈、戚、钺等玉质兵器并无实用功能，是在仪礼、仪仗中使用的礼玉。

新时期时代的各文化遗址都有大量礼玉出土。如良渚文化遗址便出土大量琮、钺、璧、璜，江苏省武进区三皇庙村寺墩遗址出土 33 件玉琮、24 件玉璧，江苏省吴县（1995 年辙销）唯亭镇东北草鞋山遗址出土玉琮、玉璧、玉钺等，浙江余杭反山遗址出土玉钺，海宁小兜里 8 号墓出土玉钺，江苏吴县张陵山东山遗址出土玉琮、玉璧、玉瑗等，龙山文化遗址山西襄汾县陶寺出土有玉钺、瑗、琮、环等，石峡文化遗址广东曲江石峡墓葬中出土玉琮、玉璧等，浙江省余姚河姆渡遗址出土玉玦、玉璜，马家浜文化晚期出土玉璜，崧泽文化遗址上海青浦区崧泽出土玉璜，齐家文化地域甘肃武威皇娘娘台遗址出土石璧、玉璧、玉璜等。商周时期礼玉数量更多，河南安阳殷墟遗址出土大量礼玉，有琮、璧、环、瑗、玦、璜、圭、璋等，妇好墓还出土有玉簋、玉盘，戈、矛、戚、钺、刀等玉器，均无使用痕迹，是作为仪礼、仪仗用具。山东益都县苏埠屯村，出土玉戈、玉琮等；山西侯马翼城天马—曲沃墓葬出土璜、璧、戈、环、圭等；江苏吴县窖藏出土有琮、璧等。礼玉的使用一直延续至后代，在楚王刘戊（前 174—前 154）墓、张安世大型墓园等汉代墓葬中，皆有礼玉出土。这些出土礼玉为后世了解古代仪礼、祭祀、丧葬，以及制玉工艺，留下了宝贵的实物资料。

璧

自公元前 6000—前 5000 年的原始社会时期始，各文化区域便有玉璧出土。除了作为礼天的礼器，玉璧也供系佩之用，同时是重要的大宗陪葬器。但其最主要、最重要的功能还是作为礼器使用。

历史上最著名的玉璧应属"和氏璧"，在诸多文献中都有记载。《韩非子·和氏》中记载了公元前 757—前 689 年的周厉王至文王时期关于和氏璧的来历："卞和，楚人。尝得玉璞于楚山中，献之厉王（前 757—前 741 年）。以玉人相之曰：'石也'。以诳为释，削其左足。复献于武王（前 740—前 689 年），玉人相之，又曰'石也'。王又削其右足。文王即位（前 689 年），和抱其璞哭于楚山之下，三日三夜，泪尽，继之以血。文王问之，

和曰：'吾非悲削，悲夫宝玉，而题之以石贞士而名之，以诳此吾所以悲也。'王使人理其璞得宝焉，遂合曰'和氏璧'。"《史记·廉颇蔺相如列传》记载了前 298—前 266 年和氏璧的传奇故事：赵惠文王得楚和氏璧，秦昭王"遗乃赵子，愿以十五城请易璧"。昭秦强赵弱，赵王怕给了璧得不到城，蔺相如自愿奉璧前往，说："城入赵而璧留秦，城不入，臣法完璧归赵。"蔺相如至秦国献璧，见秦王无意偿城，就设法取回原璧，送回赵国。故而有"和氏璧，天下所共宝也"之说。

和氏璧的真容我们已不得而知，但从历史各个时期出土的精美玉璧以及文献中，我们却可对古人是如何珍视、崇敬玉璧的情结遥想一二。

图1　外方内圆形璧

　　红山文化

　　直径 4cm，孔径 1.4cm，内厚 0.2cm。

　　辽宁阜新胡头沟出土。一件早期玉璧，边郭穿一小孔，供系佩之用。

图2　玉璧

　　良渚文化

　　直径 26.2cm，厚 1cm。

　　江苏武进区三皇庙村寺墩遗址出

　　土，现藏于山东省博物馆。

　　这 24 件玉璧素面无纹，琢磨光滑，

　　分置于头部、胸部和脚部。最大

　　且制作最精的一件放在腹部，单

　　环直径 3 ~ 5.1cm，双环长 6.8cm，

　　联环长 4.8cm，绿松石坠长 3cm。

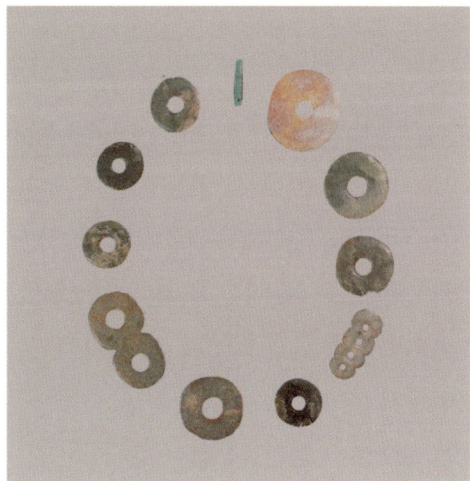

图3　玉璧

崧泽文化

直径 3.5cm，孔径 1.4cm，厚 0.2cm。

1974 年上海市青浦县崧泽遗址出土，现藏于上海市文物管理委员会。

图4 玉璧

良渚文化

直径 24.1cm～24.55cm，孔径
3.6cm～4.4cm，厚0.85cm～1.2cm。
1984 年江苏省吴县张陵山东山遗
址 1 号墓出土，现藏于江苏省吴
县文管会。

图5 玉琮

公元前 2000 年石峡文化

高 13.8cm，边宽 6.6cm～7cm，
孔径 4.8cm～5.2cm。

1977 年广东省曲江县马霸镇石峡遗址
105 号墓出土，现藏于广东省博物馆。

图6 玉璧

齐家文化

长 5.8cm，孔径 2.5cm，厚 0.3cm，另一残璧直径 8.7cm，孔径 4.3cm，厚 0.5cm。
1959 年甘肃省武威市皇娘娘台出土，现藏于甘肃省博物馆。

图7 玉璧

公元前1250—前1192年商代晚期

直径18.6cm，孔壁高1.4cm，边厚0.4cm。

1976年商王武丁妃妇好墓出土，现藏于中国社会科学院考古研究所。

图8 玉璧

春秋晚期

外径 20.6cm，内径 4cm，厚 1cm。

1956 年山西省翼城县天马遗址晋侯墓葬，秦村盟誓遗址 187 坎出土，现藏于
山西省考古研究所。

图9　玉璧

公元前 771 年春秋早期

外径 6.6cm，孔径 2.8cm，厚 0.35cm。

1986 年江苏省吴县严山出土，现藏于江苏省吴县文物管理委员会。

图 10　玉璧

春秋中晚期

外径 6.3cm ～ 6.8cm，孔径 2cm，厚 0.2cm。

1978 年河南淅川县下寺楚国贵族墓地 2 号墓出土，现藏于河南省文物研究所。

图 11　玉璧

新石器时代良渚文化

直径 24cm。

2002 年 4 月浙江安吉递铺垅坝

战国墓出土。

◎ 秦汉魏晋南北朝
（前221年—589年）

图 12　玉璧

西汉前期

直径 33.4cm，孔径 9cm，厚 0.7cm～1.1cm。

1983 年广东省广州市象岗南越王赵眜墓出土，现藏于广东省广州市西汉南越王墓博物馆。

图 13　玉璧

西汉中期

直径 21.2cm，孔径 2.6cm，厚 0.6cm。

1968 年河北省满城县陵山 1 号墓出土，现藏于河北省博物馆。

图 14　玉璧

西汉后期

直径 16.9cm，孔径 5cm，厚 0.3cm。

1970 年山东省曲阜市九龙山汉墓出土，现藏于山东省博物馆。

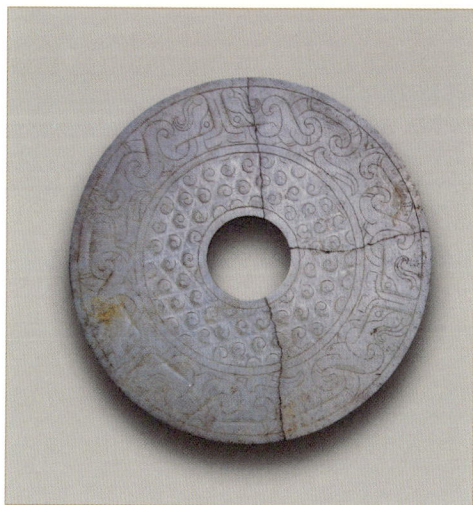

图 15　玉璧

东汉

直径 18.8cm，孔径 4.2cm，厚 0.5cm。

1959 年河北省定县（今定州市）北庄汉墓出土，现藏于河北省博物馆。

琮

从史料可知，琮是作为礼地的礼器使用，其四方的器型也正与"天圆地方"中的"地方"相对应。在良渚文化中出土了许多体型大且精美的玉琮，如江苏常州寺墩 3 号墓中 6 号玉琮达 15节，26 号玉琮则高达 33.5cm。在传世品中，大英博物馆收藏的一件良渚玉琮多达 19 节，高达49.5cm，是目前所知世界上节数最多、个体最高的玉琮。江苏武进县三皇庙村寺墩遗址出土 33 件

玉琮，有一件兽面纹镯式置于头部右上方，其他均为横槽分节，高矮不一的方柱体玉琮，其中最高的一件达 13 节，高 36.1cm。浙江余杭反山遗址 12 号大墓出土的玉琮，则是迄今所见体积最大的玉琮，也是唯一雕琢四组八个完整神人兽面的玉琮。其细孔厚身，俯视如璧的形态，使它的重量达到了 6.5kg，而四面竖槽中雕琢的完整"神徽"图案细密如发，堪称微雕始祖。

图 16　玉琮

江淮地区原始文化

高 5.1cm，射径上端 8.4cm，下端 8.2cm，孔径上端 5.4cm，下端 5.3cm。

1965 年江苏省涟水县三里墩出土，现藏于南京博物院。

图17　玉琮

良渚文化

高 8.8cm，射径 17.1cm～17.6cm，孔径 4.9cm。

1986 年浙江省余杭县长命乡雄鸡山村反山墓地出土，现藏于浙江省文物考古研究所。

图18　玉琮（局部）

图19　玉琮

良渚文化

高 6.8cm，射径 8.5cm，孔径 6.2cm。

1986年浙江省余杭县长命乡雉鸡山村反山墓地出土，现藏于浙江
省文物考古研究所。

图20 玉琮

良渚文化

高 5cm，射径 7.1cm ～ 7.4cm。

1982 年上海市青浦县福泉山 9 号墓出土，现藏于上海市文物管理委员会。

图21 玉琮

良渚文化

高 18.1cm ～ 18.2cm，射径上端 7.3cm ～ 7.4cm，下端 6.9cm ～ 7cm，孔径上端 5.1cm，下端 5.2cm。

1973 年江苏省吴县草鞋山 198 号墓出土，现藏于南京博物院。

图22 玉琮

良渚文化

高 5.8cm，射径 10.1cm，孔径 5.9cm。

1987 年浙江省余杭县安溪乡下溪湾村瑶山墓地出土，现藏于浙江省文物考古研究所。

图23　玉琮

良渚文化

高8.1cm，射径上端6.2cm～6.5cm，

下端6.1cm～6.2cm。

1984年上海市青浦县福泉

山40号墓出土，现藏于上

海市文物管理委员会。

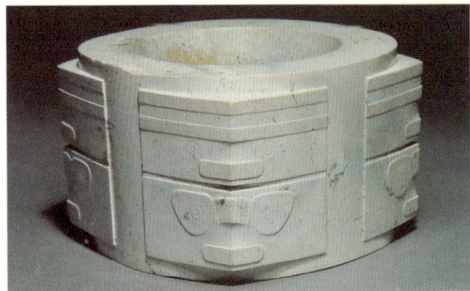

图24　玉琮

龙山文化

高5.6cm，射径上端9cm，下端8.7cm。

1984年上海市青浦县福泉山65号

墓出土，现藏于上海市文物管理

委员会。

图25　玉琮

新石器时代

高49.2cm，上宽6.4cm，下宽

5.6cm。

现藏于中国历史博物馆。

图26　玉琮形管
　　　良渚文化
高 6.7cm，直径 1.4cm。
1987年浙江省余杭县安溪乡
下溪湾村瑶山墓地出土，现藏于
浙江省文物考古研究所。

◎ 夏 商 西 周

（前 2100 年—前 770 年）

图27　玉琮

商代中期

高 4.2cm，外径 8cm。

河南省新郑市出土，现藏于河南省新郑市文管所。

图28　青玉琮

商代晚期

高 3.9cm，直径 7cm。

1980 年陕西省西安市东郊老牛坡商代遗址出土，现藏于西安市文物局。

图29　玉琮

商代晚期

通高 7cm，射高 0.5cm，口径 6.3cm，射壁厚 0.8cm ~ 1.2cm。

1989 年江西省新干县大洋洲乡商代墓出土，现藏于江西省博物馆。

图30　玉琮

西周早期

高 7.6cm，孔径 4cm。

1978年陕西省西安市山门口出土，现藏于西安市文物局。

◎ 春秋战国
（前770年—前221年）

◎ 秦汉魏晋南北朝
（前221年—589年）

图31　带座玉琮

西汉后期

通高8.4cm，射径6.9cm，孔径5.5cm。

1965年江苏省涟水县三里墩汉墓出土，现藏于南京博物院。

◎ 隋唐五代宋辽金
（581年—1279年）

圭

史书古籍中，对圭的形制、用途有诸多记载。最早有记载商末情况的《金楼子·立言下》，曰："殷亡，焚众器皆尽，惟琬琰不焚，君子则唯仁义存而已矣。"（琬圭和琰圭）"珍圭以徵守，以恤凶荒。"杜子春对此注曰："珍当为镇诸侯亦一国之镇也。""郑康成谓珍圭，王使之瑞节，执以往致王命也，归又执以反命，王晋大圭。"到了周朝，圭则作为朝觐天子时诸侯所持之物。《周礼·春官·典瑞》载："驵圭、璋、璧、琮、琥、璜之渠眉。"郑司农《疏》释曰："此六玉，两头皆有孔，又于两孔之闲为沟渠，于沟之两畔稍高为眉，以驵穿联于其中也。""公执桓圭……以朝觐宗遇会同于玉。"郑玄《注》又引郑司农曰"以圭璧见于王"。春秋末期的《考工记》是一本记载了诸手工匠作事宜的著作，为后人提供了宝贵的史料。关于玉圭，《考工记·玉人》中载"琬圭九寸"郑玄注："琬，犹圆也，王使之瑞节也。诸侯有德，王命赐之，使者执琬圭以致命焉。""凡圭，琰上寸半琰圭，琰半以上，又半为缘饰。诸侯有为不义，使者征之，执以为瑞节也。""琬圭，圭之上端，浑圆天棱角者。"《考工记·玉人》还载有："圭璧五寸，以祀日月星辰。孙治让疏，圭璧于六寸璧上琢出一圭，长五寸。""瑱圭，尺有二寸，天子守之。""命圭九十，谓之桓圭，公守之，命圭七寸，谓之仪圭，侯守之，命圭七寸，谓之躬圭，伯守之。"这些记载了古时帝王受诸侯朝见时所执的圭。公元 100 年的东汉和帝永平十二年，许慎在《说文解字》又对圭进行了解释："圭，瑞玉也，上圆下方。"段玉裁注："瑞者，以玉为信也，圭之制，上不止圆，以对下方言之，故曰上圆，上圆下方，法天地也。"

与上述史料相对应，各时期出土的玉圭的确符合这些记录。

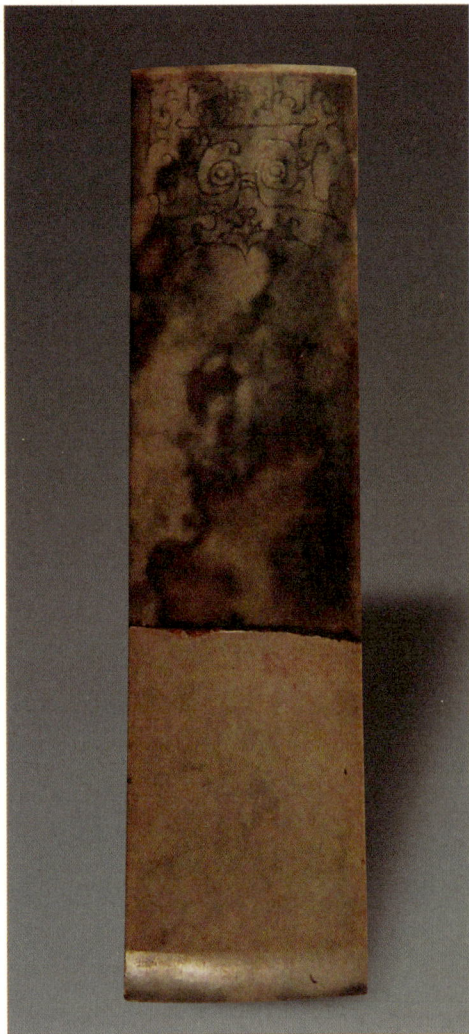

图 32　玉鹰

纹兽面纹圭

龙山文化

长 25.2cm，宽 6.2cm。

现藏于天津市艺术博物馆。

图 33　玉琮

西周早期

高 7.6cm，孔径 4cm。

1978 年陕西省西安市山门口出土，

现藏于西安市文物局。

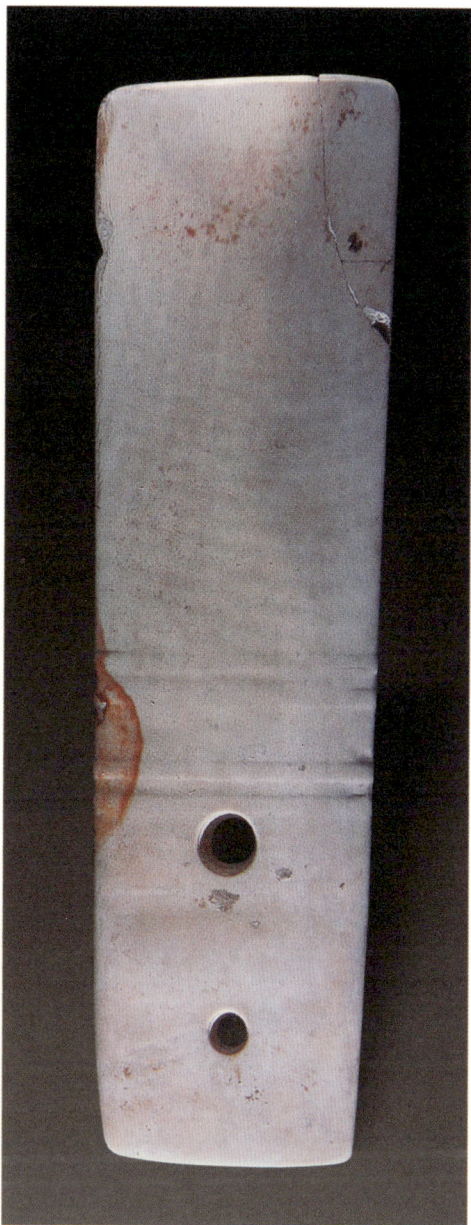

图 34　玉圭

商代早期

长 21.1cm，宽 6.4cm。

1967 年河南省偃师县二里头遗址挖窖时出土，现藏于中国社会科学院考古研究所。

图 35　玉圭

商代早期

长 17.4cm，宽 4.4cm，厚 0.6cm～0.8cm。

1980 年河南省偃师县二里头遗址 3 区 2 号墓出土，现藏于中国社会科学院考古研究所。

图36　玉圭
商代晚期
长 22.7cm，宽 3.8cm ~ 4cm，厚 0.9cm。
1976 年妇好墓出土，现藏于中国社会科学院考古研究所。

图37　玉圭

春秋晚期

长 20.3cm，宽 4.3cm。

1966 年山西省侯马市秦村盟誓遗址出土，现藏于山西省考古研究所。

图38　玉圭

春秋晚期

长 12.5cm，厚 0.5cm。

1965 年山西省侯马市秦村盟誓遗址 355 坑出土，现藏于山西省考古研究所。

图39　玉圭

西汉中期

长18.6cm，宽7cm，厚1.35cm，孔径0.35cm。

1968年河北省满城县陵山1号墓出土，现藏
于河北省博物馆。

图40 玉圭
西汉中期
长 20.8cm，宽 7cm，厚 1.2cm，
孔径 0.7cm。
1968 年河北省满城县陵山 1 号墓
出土，现藏于河北省博物馆。

图41 玉圭
西汉中期
长 9.2cm，宽 2.3cm，厚 0.6cm。
1977 年山东省巨野县红土山
汉墓出土，现藏于山东省巨野县
文物管理所。

◎ 隋唐五代宋辽金
（581 年—1279 年）

璜

璜是作为礼北方的礼器，而从文献与出土物来看，璜也作为佩玉的一部分使用。《玉藻》载有"君子于玉比德焉，由天子佩白玉，而玄组绶"。郑司农《疏》释："所佩白玉谓衡、璜、琚、璃。玄组绶者，用玄组绦穿连衡璜等，使相承受。"璜为片状的弧形，上有穿孔，有璧形、环形、桥形多种，从出土墓葬资料来看，多为女性饰物，装饰于颈项处，男性较少使用。

◎ 新石器时代

（前5000年—前2000年）

浙江萧山跨湖桥遗址出土玉璜。公元前5000—前4000年，苏州越城遗址，马家浜文化晚期出土玉璜，多为条状弧曲形（亦称条形璜）光素无纹。马家浜文化的M9中，出土一件近半环形的玉璜。象山县塔山遗址一期出土玉璜长4.4cm。

公元前5000—前3000年，仰韶文化，上海青浦县崧泽遗址14座墓，11座出土一件玉璜，3座墓出土两件，其穿孔上有细线悬挂时磨损的凹槽。东山嘴遗址出土双龙首璜形玉饰，绿松石做成的鹗。

图42　玉璜

崧泽文化

长7.5cm。

1961年上海市青浦县崧泽遗址47号墓出土，现藏于上海市文物管理委员会。

图43　玉璜

大溪文化

长15cm，厚0.3cm。

1982年湖南省华容县三封乡毛家村113号墓出土，现藏于湖南省岳阳市博物馆。

图44 玉璜
崧泽文化
长 6.6cm。
1976 年上海市青浦县崧泽遗址
下层出土，现藏于上海市文物管
理委员会。

图45 玉璜
良渚文化
长 21.3cm，宽 8.4cm，厚 0.7cm。
现藏于故宫博物院。

图46 玉璜
良渚文化
高 4.8cm，宽 12.7cm，厚 0.35cm。
1987 年浙江省余杭县安溪乡下
西湾村瑶山墓地出土，现藏于浙
江省文物考古研究所。

图47 玉璜
卡若文化
宽 9.1cm，厚 0.8cm。
1977 年西藏自治区昌都县卡若村出土，现藏于西藏自治区文物管理委员会。

◎夏商西周

（前2100年—前770年）

图48　玉龙形璜

商代晚期

长11.7cm，宽2.2cm，厚0.2cm。

1976年妇好墓出土，现藏于中国社会科学院考古研究所。

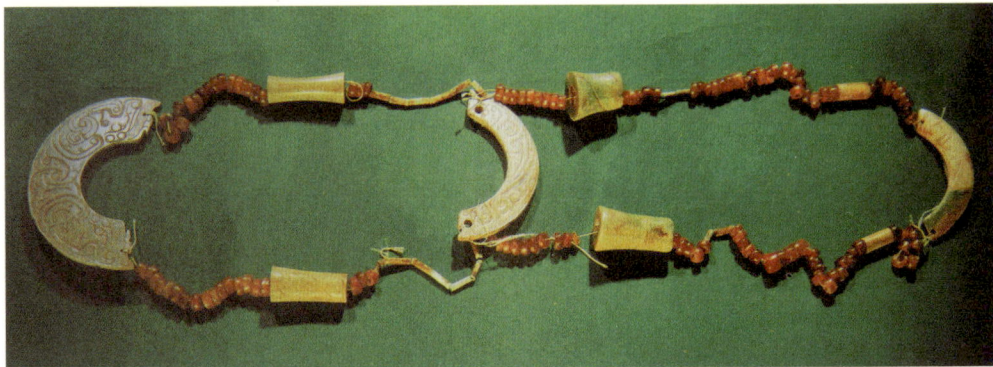

图49　玉三璜串饰

西周

大：长12.2cm，宽3.3cm；

中：长10.8cm，宽2.1cm；

小：长9.4cm，宽1.7cm。

1983年陕西省长安县张家坡村58号墓出土，现藏于中国社会科学院考古研究所。

图50 玉龙纹璜

西周

长 13.6cm，宽 2.4cm，厚 0.5cm。现藏于故宫博物院。

图51 玉虎纹璜

西周

长 7.6cm，宽 2.3cm。

1981 年西安市长安县沣西张家坡出土，现藏于西安市文物局。

◎ 春秋战国
（前 770 年—前 221 年）

河南辉县固围村魏国王族墓地，出土玉璜 4 件，属公元前 400—前 319 年，战国中期。一件大玉璜有 20.2cm，5 块洁白玉，2 个鎏金兽头，雕工精致。

图52　玉双龙首璜

春秋晚期

长 10.9cm，宽 3cm，厚 0.2cm。

1979 年河南省固始县侯古堆 1 号墓出土，现藏于河南省文物研究所。

图53　透雕玉璜

战国早期

长 16cm，宽 4.6cm，厚 0.4cm。

1978 年湖北省随州市擂鼓墩曾侯乙墓出土，现藏于湖北省博物馆。

图54　玉璜

战国中期

长 9.4cm，宽 2.1cm。

1950 年河南省辉县固围村 1 号墓祭祀坑 2 出土，现藏于中国历史博物馆。

图55　玉璜

战国晚期

长 5.6cm，宽 1.7cm，厚 0.42cm。

1985 年湖南省澧县新洲 1 号墓出土，现藏于湖南省文物考古所。

图 56　玉璜

春秋晚期

长 9.5cm，宽 2.13cm，厚 0.32cm。

1986 年江苏省吴县严山出土，现藏于江苏省吴县文物管理委员会。

图 57　玉双凤纹璜

战国晚期

长 13.5cm，宽 3.7cm，厚 0.3cm。

1977 年安徽省长丰县杨公 2 号墓出土，现藏于安徽省文物考古研究所。

◎ 秦汉魏晋南北朝
（前221年—589年）

公元前154年，汉景帝三年，楚王刘戊（前174—前154）墓，位于徐州狮子山。

玉璜

璜是人们使用最早的佩饰。楚王陵墓出土玉璜近百件，是随葬玉器中最多的一类。这批玉璜多选用和田美玉，其造型、纹饰和形体大小十分繁杂，大者长34.3cm，小者16.4cm。墓中出土的一件龙首玉璜长18.8cm，两端雕刻出一对凶猛的龙头，形象生动，气势如虹，具有强烈的渲染力和极强的装饰艺术效果。

另一件凤鸟纹玉璜，长18.8cm。造型美观大方，纹饰绚丽繁密，璜内侧镂空一组奔放流畅的花纹图案，背上两端攀伏着一对回首相望的凤鸟，小巧玲珑，寓意吉祥，非常惹人喜爱。

还有一件龙纹玉璜，纹饰繁缛细腻，布局对称工整，长21cm，宽4cm，厚0.5cm。两面都以浅浮雕技法琢刻着两组对称的羽龙，每组计有五条，前端为一条大龙，后侧是两组"S"形的连体双龙，共雕20条羽龙，其中心位置浮雕出宝鼎图案。

图58 玉犀形璜

西汉前期

长8.5cm，高4cm，厚0.45cm。

1983年广东省广州市象岗南越王赵眜墓出土，现藏于广东省广州市西汉南越王墓博物馆。

图 59　玉双龙蒲纹璜

西汉前期

长 14.2cm，中宽 5.6cm，厚 0.35cm。

1983 年广东省广州市象岗南越王赵眜墓出土，现藏于广东省广州市西汉南越王墓博物馆。

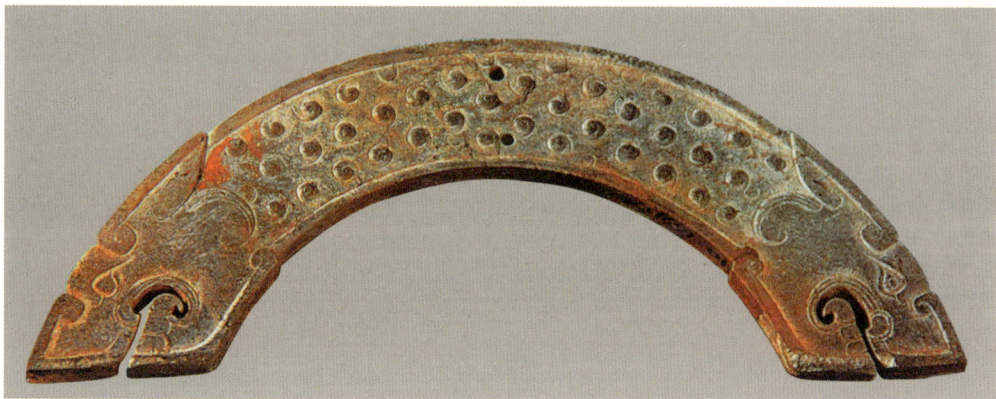

图 60　玉璜

西汉中期

长 11.3cm，宽 1.7cm～1.9cm，厚 0.5cm～0.55cm。

1972 年江苏省铜山县小龟山汉墓出土，现藏于南京博物院。

图61　玉半璧形璜

西汉中期

直径16.6cm，厚0.4cm。

1975年湖南省长沙市咸家湖曹女巽墓出土，现藏于湖南省长沙市博物馆。

图62　玉双龙首璜

西汉后期

长11.5cm，宽2.5cm，厚0.35cm。

1982年江苏省徐州市石桥村2号墓出土，现藏于江苏省徐州博物馆。

图63　玉龙饰璜

西汉

长7.4cm。

1986年河南省永城县芒山镇僖山汉墓出土，现藏于河南省商丘博物馆。

图64 玉夔凤形璜

汉

长 9.9cm，宽 4cm。

1983 年陕西省西安市西郊三桥汉墓出土，现藏于陕西省西安市文物局。

图65 玉璜

北齐

长 5.5cm，孔径 2.3cm，内宽 1.7cm。

1980 年山西省太原市南郊王郭村娄睿墓出土，现藏于山西省考古研究所。

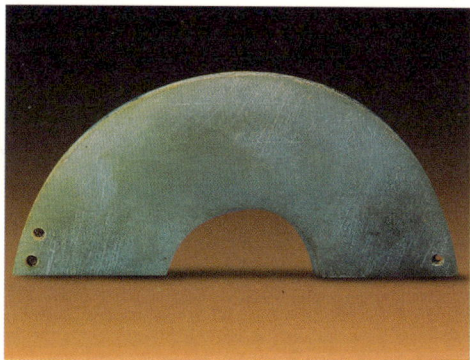

图66 玉璜

南朝

高 3.1cm，宽 7.2cm，厚 0.3cm。

1960 年至 1961 年江西省南昌市京山南朝墓出土，现藏于江西博物馆。

璋

璋在祭祀礼仪中用于"礼南方",也叫牙璋。孔颖达在对《礼记》的疏中有:"圭璋,玉中之贵也。诸侯朝王以圭,朝后执璋。"可见,璋是与圭相对应的,在朝见皇后时所持。在随葬中,璋放在首部。

◎ 新石器时代
（前 5000 年—前 2000 年）

◎ 夏商西周
（前 2100 年—前 770 年）

图68　玉璋

大溪文化

长 54cm，最宽 14.4cm，厚 0.8cm。

1980 年河南省偃师县二里头遗址 5 区 3 号墓出土，现藏于中国社会科学院考古研究所。

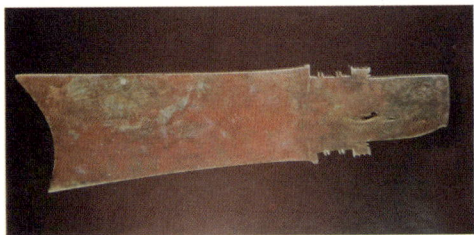

图67　玉牙璋

商代早期

长 49.6cm，宽 5.9cm，厚 0.9cm。

1974 年河南省偃师县二里头遗址出土，现藏于中国社会科学院考古研究所。

图69　玉牙璋

商代中期

通长 66cm，宽 13cm，厚 0.4cm。

1958 年河南省郑州市杨庄村农民挖土时发现，现藏于河南省博物馆。

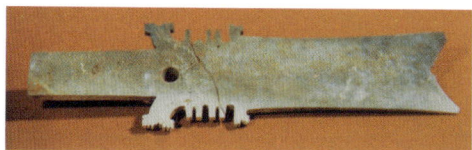

图70 玉牙璋

商代晚期

通长 25cm，柄长 7.4cm 厚 0.6cm。

1986 年四川省广汉市三星堆遗址
1 号祭祀坑出土，现藏于四川省
文物考古研究所。

图71 玉牙璋

商代晚期

通长 38.5cm，柄宽 5cm ～ 5.3cm，
厚 0.6cm。

1986 年四川省广汉市三星堆遗
址 1 号祭祀坑出土，现藏于四川
省文物考古研究所。

图72 玉牙璋

商代晚期

通长 38.5cm，柄长 6.8cm，厚 0.6cm。

1986 年四川省广汉市三星堆遗
址 1 号祭祀坑出土，现藏于四川
省文物考古研究所。

图73 玉牙璋

商代晚期

通长 54.5cm，射宽 8.8cm，柄宽 6.8cm。

1986 年四川省广汉市三星堆遗
址 2 号祭祀坑出土，现藏于四川
省文物考古研究所。

图74 玉璋

西周早期

长 56.1cm。

四川省广汉县中心乡出土，现藏
于四川省博物馆。

◎春秋战国

（前 770 年—前 221 年）

图75　玉璋

春秋晚期

长 36.1cm，厚 0.5cm。

1965 年山西省侯马市秦村盟誓遗址 269 坎出土，现藏于山西省考古研究所。

图76　玉璋

春秋晚期

长 22.8cm，厚 0.4cm。

1965 年山西省侯马市秦村盟誓遗址 267 坎出土，现藏于山西省考古研究所。

图77　玉璋

春秋晚期

长 26.5cm，厚 0.5cm。

1965 年山西省侯马市秦村盟誓遗址 341 坎出土，现藏于山西省考古研究所。

◎ 秦汉魏晋南北朝
（前 221 年—589 年）

◎ 隋唐五代宋辽金
（581 年—1279 年）

其他

在新时期时代的遗址中，出土了许多玉制钺、斧、戚、刀、矛、戈、镞等武器，此外还有盘、簋等盛器。从出土物的磨损情况来看，这些器物几乎没有使用痕迹，说明这些玉制武器及盛器并不是作为实用器物，而是作为礼器在祭祀、仪仗等过程中使用。此类礼玉同样出现在一些等级较高的墓葬中，具有一定的身份、信仰等象征意义。

◎ 新石器时代
（前 5000 年—前 2000 年）

钺

浙江余杭反山遗址四座墓中有三座随葬玉钺。反山 M12 随葬有钺玉，海宁小兜里 8 号墓出土玉钺。

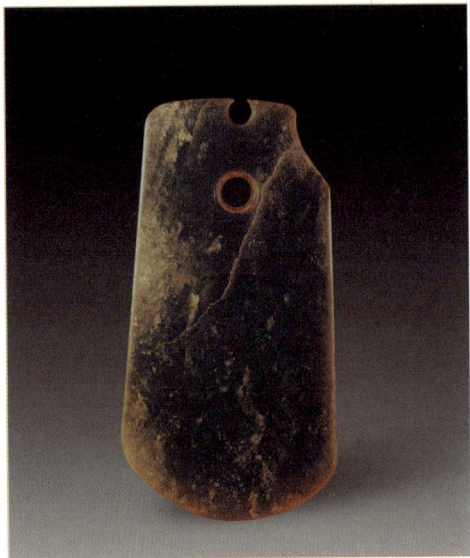

图78 玉钺

大汶口文化

长 18cm，顶端宽 6.5cm ~ 8.5cm，刃部宽 9cm，厚 0.8cm。

1966 年江苏邳县大墩子出土，现藏于南京博物院。

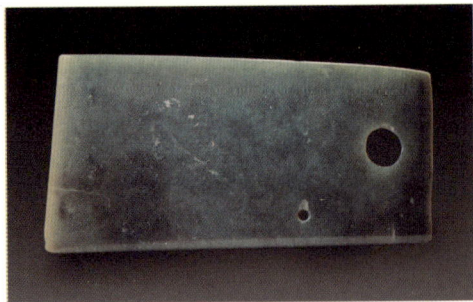

图79 玉钺

龙山文化

长 10.1cm，上端宽 4.4cm，下端宽 5cm。

1967 年陕西省延安市碾庄乡芦山峁村采集，现藏于陕西省延安市文物保管委员会。

图80　玉钺
良渚文化
通长 17.9cm，上宽 14.4cm，刃
宽 16.8cm，厚 0.8cm。
1986 年浙江省余杭县长命乡雉
鸡山村反山墓地出土，现藏于浙
江省文物考古研究所。

图82　玉钺
良渚文化
长 15.6cm，宽 10.6cm ~ 11.9cm。
1987 年浙江省余杭县安溪乡下
溪湾村瑶山墓地出土，现藏于浙
江省文物考古研究所。

图81　玉钺（局部）
良渚文化

图83　玉钺
良渚文化
高 18.9cm，顶端宽 9.5cm，刃宽
12.7cm，厚 0.4cm。
1984 年江苏省昆山县少卿山 1 号墓
出土，现藏于江苏省昆山县文管会。

图84　玉钺
　　　良渚文化
　　　长 17cm，刃宽 9cm，厚 0.9cm。
　　　1984 年上海市青浦县福泉山 74 号墓
　　　出土，现藏于上海市文物管理委员会。

图86　玉钺
　　　良渚文化
　　　长 16.3cm，宽 10.3cm ~ 13cm，
　　　孔径 1.5cm。
　　　1987 年浙江省余杭县安溪乡下
　　　溪湾村瑶山墓地出土，现藏于浙
　　　江省文物考古研究所。

图85　玉钺
　　　良渚文化
　　　高 31.3cm，刃宽 14.8cm，厚 0.3cm。
　　　1982 年上海市青浦县福泉山 9 号墓
　　　出土，现藏于上海市文物管理委员会。

图87　玉钺
　　　良渚文化
　　　高 10.9cm，刃宽 11cm，厚 0.1cm。
　　　1982 年上海市青浦县福泉山 9 号墓
　　　出土，现藏于上海市文物管理委员会。

图88　玉斧

齐家文化

长 25.5cm，宽 5.3cm，厚 1.3cm。

1959 年甘肃省武威市皇娘娘台

出土，现藏于甘肃省博物馆。

图89　玉斧

卡若文化

长 22cm，宽 5.5cm，长 9cm，宽 4.5cm。

1977 年西藏自治区文物管理委员会藏。

图90　玉四孔刀

龙山文化

长 48cm，宽 13cm。

1969 年山东省日照市两城镇出土，现藏于山东省博物馆。

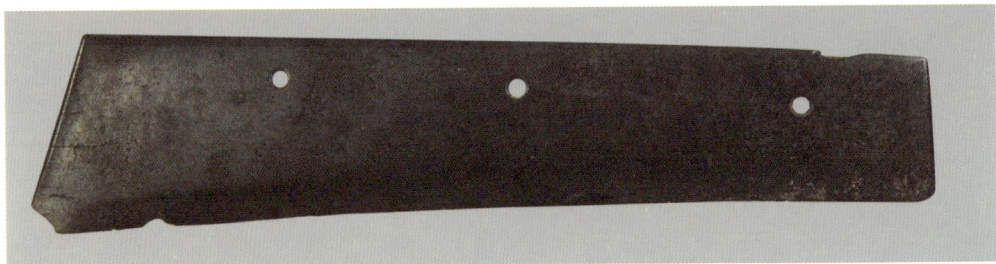

图91　玉三孔刀

　　龙山文化

　　长 36.4cm，宽 8cm。

　　现藏于天津市艺术博物馆。

图92　玉钺

　　商代晚期

　　长 17.6cm，刃宽 10.5cm，内厚 0.3cm。

　　1976 年妇好墓出土，现藏于中国社会科学院考古研究所。

◎ 夏商西周

（前 2100 年—前 770 年）

戈

图93　玉戈

　　商代早期

　　长 21.9cm，援宽 4.7cm，内宽 3.8cm。

　　1967 年河南省偃师县二里头遗址挖窖时出土，现藏于中国社会科学院考古研究所。

图94 玉戈

商代早期

长 30.2cm，援宽 6cm ～ 6.9cm，厚 0.5cm ～ 0.7cm。

1975年河南省偃师县二里头遗址 3 号坑出土，现藏于中国社会科学院考古研究所。

图95 玉戈

商代中期

通长 57.2cm，宽 9.3cm，厚 1cm。

1955年河南省郑州市白家庄商代墓出土，现藏于中国历史博物馆。

图96 玉援铜内戈

商代中期

长 32cm，最宽 6.9cm，厚 0.4cm。

1974年河南省新郑县新村乡出土，现藏于河南省新郑县文管所。

图97　玉戈

商代晚期

长 22.2cm，援长 18cm，援宽 11cm，内厚 0.7cm。

1976 年妇好墓出土，现藏于中国社会科学院考古研究所。

图98　玉戈

商代晚期

通长 31cm，内长 8.6cm，厚 0.5cm。

1976 年河南省安阳市小屯 11 号墓出土，现藏于中国社会科学院考古研究所。

图99 玉援铜内戈

商代晚期

通长 39.6cm，援长 30cm，内厚 0.6cm。

1986年四川省广汉市三星堆遗址 1 号祭祀坑出土，现藏于四川省文物考古研究所。

图100 玉兽面纹戈

商代晚期

长 16.3cm，宽 7.4cm，厚 0.3cm。

现藏于故宫博物院。

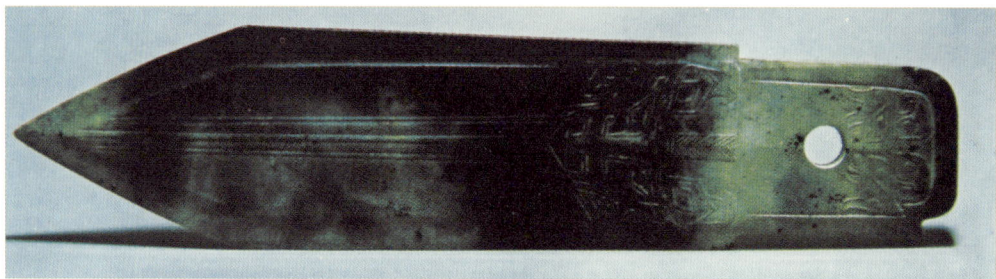

图101　玉兽面纹戈

商代

通长 25.3cm，宽 5.8cm，厚 0.6cm。

现藏于上海博物馆。

图102　玉戈

西周

长 22.9cm，最宽 9.1cm，厚 0.5cm。

1985 年陕西省长安县张家坡村 170 号墓出土，现藏于中国社会科学院考古研究所。

图103　玉戈

西周中期　长 13.8cm，宽 3.9cm。

河南省洛阳市机瓦厂出土，现藏于河南省洛阳市博物馆。

图 104　玉戈

西周中期

长 25.5cm，宽 6.1cm。

陕西省西安市东四道巷出土，现藏于陕西省历史博物馆。

图 105　玉斧

商代晚期

长 7.3cm，刃宽 1.4cm，厚 0.8cm。

1950 年至 1951 年河南省辉县琉璃阁 141 号墓出土，现藏于中国历史博物馆。

图 106　兽面纹玉斧

商代晚期

通长 10cm，体厚 2.6cm。

1976 年妇好墓出土，现藏于中国社会科学院考古研究所。

图107 玉斧

商代晚期

长 12cm, 刃 宽 7.1cm, 厚 0.6cm ~ 0.9cm。

1974 年河北省藁城县台西村 18 号探方出土, 现藏于河北省文物研究所。

图109 玉戚

商代晚期

长 7cm, 宽 5cm ~ 6cm, 厚 0.5cm。

1976 年妇好墓出土, 现藏于中国社会科学院考古研究所。

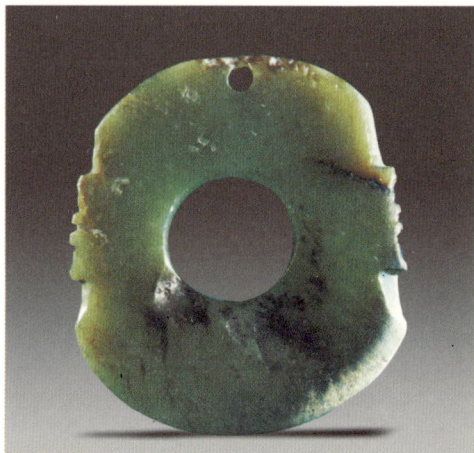

图108 玉戚

商代早期

长 10.8cm, 刃宽 10cm, 厚 0.6cm。

1975 年河南省偃师县二里头遗址 5 号坑出土, 现藏于中国社会科学院考古研究所。

图110 兽面纹玉戚

商代

长 15cm, 宽 14.7cm, 孔径 6.3cm。

现藏于故宫博物院。

图111　玉戈
　　商代晚期
　　长 18cm，宽 8cm，厚 1cm。
　　1976 年四川省广汉市高骈乡出
　　土，现藏于四川省博物馆。

图113　玉戚
　　西周早期
　　长 12.9cm，宽 6.3cm，厚 0.2cm。
　　1983 年 12 月山东省济阳县姜集
　　乡刘台子出土，现藏于山东省济
　　阳县博物馆。

图112　兽面纹玉戚
　　商代晚期
　　长 8.3cm，宽 5.4cm，厚 1cm。
　　现藏于上海博物馆。

图114　玉戚
　　西周早期
　　长 4.4cm，宽 3.5cm，厚 0.2cm。
　　1979 年 3 月山东省济阳县姜集乡
　　刘台子出土，现藏于山东省济阳
　　县博物馆。

图116　玉镞

商代晚期

脊长 5.2cm，脊厚 0.4cm，翼宽 3.4cm。

1950 年至 1951 年河南省辉县琉璃阁 141 号墓出土，现藏于中国历史博物馆。

图115　铜骹玉矛

商代晚期

通长 21cm，铜骹长 12cm。

1986 年河南省安阳大司空村 25 号墓出土，现藏于中国社会科学院考古研究所。

图117　玉三孔刀

　　商代

　　长 53.5cm，宽 8.8cm，厚 0.7cm。

　　1987 年河南省偃师县二里头遗址 57 号墓出土，现藏于中国社会科学院考古研究所。

图118　玉七孔刀

　　商代早期

　　最长 65cm，宽 9.5cm，厚 0.1cm～0.4cm。

　　1975 年河南省偃师县二里头村出土，现藏于河南省偃师县文化馆。

图119　龙纹大玉刀

　　商代晚期

　　通长 33.5cm，刀身厚 0.5cm，柄长 3.2cm。

　　1976 年妇好墓出土，现藏于中国社会科学院考古研究所。

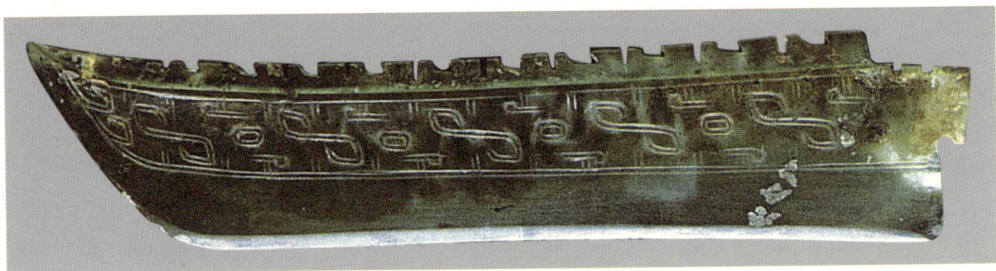

图120 鱼脊棱刀

商代晚期

长 13.2cm，厚 0.4cm。

1976 年妇好墓出土，现藏于中国社会科学院考古研究所。

图121 玉边刃刀

商代晚期

通长 13.2cm，宽 3.6cm，厚 0.6cm。

1976 年妇好墓出土，现藏于中国社会科学院考古研究所。

图122 兽面纹玉刀

商代

长 10.2cm，宽 2.7cm，厚 0.2cm。

现藏于故宫博物院。

◎ 春秋战国

（前 770 年—前 221 年）

图 123　玉戈

春秋晚期

长 23.2cm，厚 0.12cm。

1966 年山西省侯马市秦村盟誓遗址 284 坎出土，现藏于山西省考古研究所。

◎ 秦汉魏晋南北朝

（前 221 年—589 年）

图 124　玉钺

西汉

残长 9cm，残宽 9.1cm，
銎长 5cm，銎宽 2cm。

1986 年河南省永城县芒
山镇僖山汉墓出土，现藏
于河南省商丘博物馆。

图 125　玉戈

西汉后期

高 20.2cm，宽 8.2cm，厚 0.1cm ～ 0.2cm。

1970 年山东省曲阜市九龙山汉
墓出土，现藏于山东省博物馆。

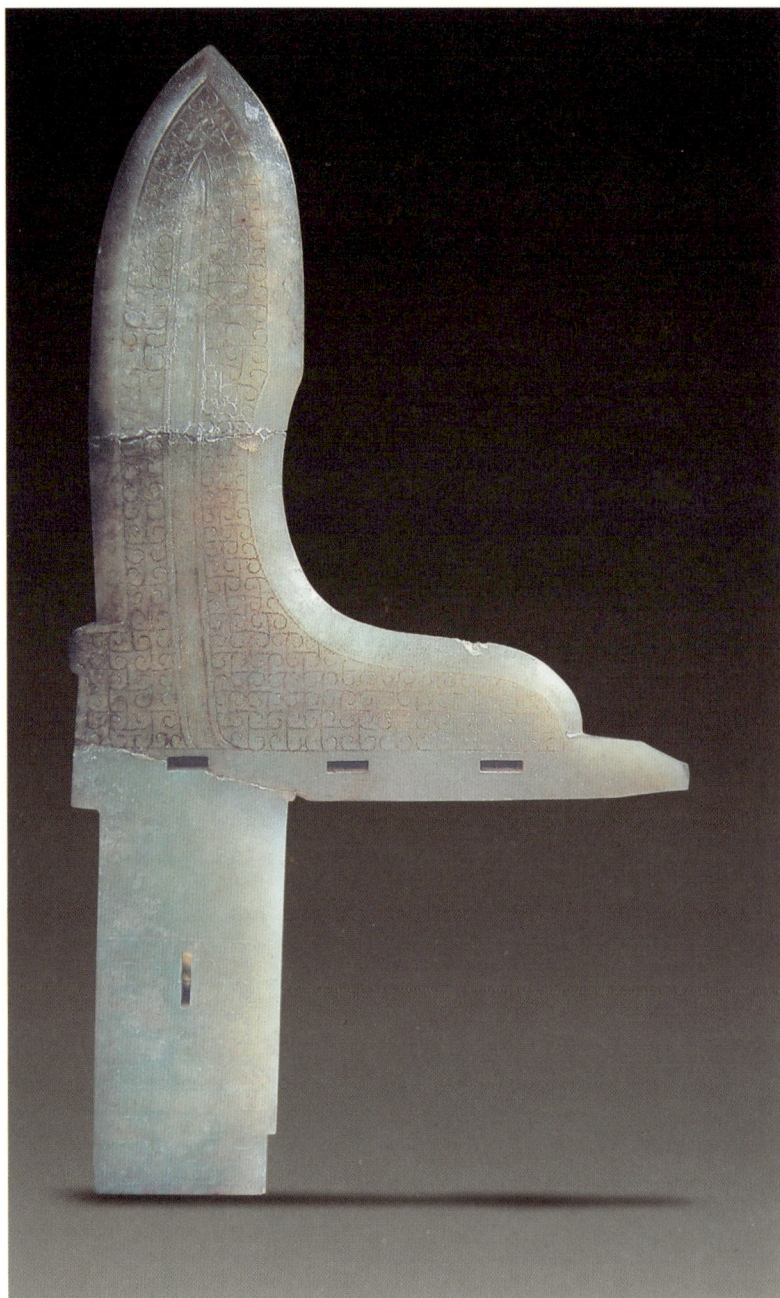

图126　玉戈

西汉

通长 18.3cm，宽 10.3cm，援长 11.3cm，厚 0.5cm。

1986年河南省永城县芒山镇僖山汉墓出土，现藏于河南省商丘
博物馆。

楚王刘戊（前174年—前154年）墓:

龙凤玉戈，是楚王礼器中，具有代表性的作品，通长17.2cm，高11.2cm，厚0.7cm。戈的外缘及阑上用阴线琢刻着一周卷云纹，虽细若游丝，却刚劲有力，表现出西汉楚国匠师纯熟的琢玉技艺。援胡之内透雕一支振翅欲飞的螭虎。螭虎张嘴昂首，长腰丰臀，四足健硕，回首向外，竖耳怒目，巨口利齿，长尾勾起，作奔走之势。它的内部两面纹饰各不相同，一面雕琢猛虎，虎身随着戈内上的穿孔作"V"形卷曲回环，上身挺起，张口长啸，另一面则雕出一只凤鸟，凤鸟直颈昂首，钩喙鸣叫，双爪飞扬展翅作舞。

这件玉戈玉质细腻，色泽温润，后部有黄褐色的沁斑。螭龙玉钺，是一件极为精美的玉礼兵器，通高21.5cm，宽7.2cm，厚0.6cm，局部有褐色沁痕。由于其状似虎，元明以来的古玩家亦谓之"螭虎"。这件玉钺的螭龙形象与众不同，其状为虎头、虎尾、虎爪，长颈而龙身呈"S"形，长颈外伸，回首衔咬钺刀，双目凝视，凶猛威武，背生两翼，臀蹲爪起，长尾卷曲，势欲飞动，矫捷中蓄藏挺拔之势。螭龙的眼、鼻、爪、翼、臀部皆用浅浮雕勾勒，工艺精湛。

◎ 隋唐五代宋辽金
（581年—1279年）

第二篇

器玉

QIYU

在各时期出土的玉器中，还有一些具有实用功能的玉器。在距今4800—5300年的新石器时期、辽宁沈阳市北陵附近新乐遗址就出土有小型玉锛、玉凿。到了商代以后，实用器具更多，河南安阳殷墟遗址就出土了少数锯、镰、小刻刀、纺轮、锤、锄、斧、凿、铲等工具，以及生活用具如毂、臼、杵、调色盘、小玉刀、梳、匕、勺、斗、栖等。再晚一些，则出现了杯、碗、枕等形制更加丰富的实用器具。

《穆天子传记》卷一中记录了公元前976—前921年周穆王时期的情形："天子之瑶，玉果、璇、珠、烛银、黄金之膏好献枝斯之石四十，玉必佩百只，琅玕四十，天子使造父受之。"东方朔则在《十洲记》中加以描绘："周穆王时，西国献夜光常满杯，是白玉之精，光明夜照。夕出杯于庭，比明常满。"《晋书·周访传》中有："访大怒。敦手臂释，并遗玉环、玉碗以申厚意。"清代张有谟更在《景船斋杂记》中记载了宋徽宗所用三只玉杯："宋徽宗内府所藏玉杯三，其一名教子升天，二名八面威风，三无名。"玉质器具不仅是日常使用中具有实用功能的器具，更是古人把玩、欣赏的对象。从这些器具中，可以了解古人的日常起居、生活情趣与审美好尚。

◎ 新石器时代

公元前 5300—前 4800,辽宁沈阳市北陵附近新乐遗址小型玉锛、玉凿。

图 127　玉锛
　　　　齐家文化
　　　　长 11cm，宽 3.8cm，厚 1.1cm。
　　　　1959 年甘肃省武威市皇娘娘台出土，现藏于甘肃省博物馆。

图 129　玉锛
　　　　屈家岭文化
　　　　长 2.9cm，刃宽 3cm。
　　　　1974 年湖南省澧县梦溪乡三元宫村 8 号墓出土，现藏于湖南省博物馆。

图 128　玉锛
　　　　马家窑文化
　　　　长 6.8cm，上宽 4cm，下宽 4.7cm，厚 1cm。
　　　　青海省乐都县柳湾村 892 号墓出土，现藏于青海省博物馆。

图 130　玉兽面纹锛
　　　　龙山文化

图131　玉纺轮

良渚文化

直径 4.2cm，孔径 0.7cm，厚 0.5cm。

1982 年江苏省吴县张陵山东山 1 号墓出土，现藏于南京博物院。

图132　玉凿

马家窑文化

长 11.5cm，宽 2.4cm，厚 1.4cm。

现藏于青海省博物馆。

图133　玉铲

大汶口文化

长 17.8cm，宽 7.2cm，厚 0.7cm。

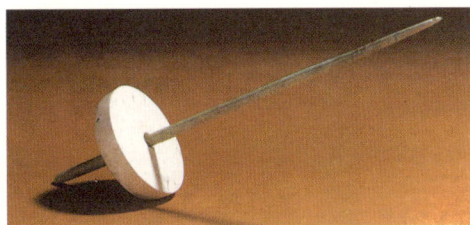

图134　玉纺轮

良渚文化

直径 4.3cm，孔径 0.6cm，厚

0.9cm，杆长 16.4cm。

1987 年浙江省余杭县安溪乡

下溪湾村瑶山墓地出土，现藏

于浙江省文物考古研究所。

◎ 夏商西周
（前 2100 年—前 770 年）

公元前 1600—前 1046 年，商代

河南安阳殷墟遗址，出土大量玉器，包括礼器、武器、工具、用具和各种装饰品等。少数锯、镰、小刻刀、纺轮为实用器，此外，还出土了一些不同用途的小型实用器，如调色盘、玉梳、玉勺、玉匕等。

公元前 1250—前 1192 年，商王武丁妃妇好墓出土玉器 750 件（未计穿孔小玉片与玉器残片）已初步鉴定备份 300 件，均系软玉。大部分是新疆玉，3 件近似山田岩玉，1 件可能是独山玉。另有少数属硅质板岩和大理岩。工具如斧、凿、镰、铲等，还有生活用具如簋、臼、杵、调色盘、小玉刀、梳、匕等，另外还有扳指、器座形器等杂器。

图 135　玉锛

商代晚期

长 15.1cm，刃宽 4.1cm，厚 0.7cm。

1976 年妇好墓出土，现藏于中国社会科学院考古研究所。

图 136　玉锛

商代晚期

长 13cm，宽 3.1cm ~ 3.3cm，厚 0.5cm。

1986 年四川省广汉市三星堆遗址 1 号祭祀坑出土，现藏于四川省文物考古研究所。

图137 玉铲

商代早期

长 13.5cm，宽 4.2cm，厚 0.9cm。

1975年河南省偃师县二里头遗址 3 号坑出土，现藏于中国社会科学院考古研究所。

图138 玉铲

商代晚期

长 25cm，宽 11cm，厚 1cm。

1976年四川省广汉市高骈乡出土，现藏于四川省博物馆。

图139　玉铲

西周早期

长 24.5cm，宽 18.5cm，厚 0.6cm。

1966 年甘肃省岷山县东山出

土，现藏于陕西省历史博物馆。

图140　玉纺轮

商代晚期

直径 5cm，厚 0.7cm。

1976 年妇好墓出土，现藏于中

国社会科学院考古研究所。

图141　玉凿

商代晚期

长 15.3cm，厚 1.3cm。

1976 年妇好墓出土，现藏于中

国社会科学院考古研究所。

图142 玉锄

商代晚期

长 20.5cm，宽 9.6cm。

1986年四川省广汉市三星堆遗址1号祭祀坑出土，现藏于四川省文物考古研究所。

图143 玉匕

商代晚期

长 20cm，宽 4.4cm～5.8cm，厚 0.7cm。

1986年四川省广汉市三星堆遗址2号祭祀坑出土，现藏于四川省文物考古研究所。

◎ 春秋战国
（前770年—前221年）

图144　玉兽面纹梳
春秋晚期
长 7.7cm，宽 5.5cm，厚 0.5cm。
1978 年河南淅川县下寺 1 号墓出土，现藏于河南省文物研究所。

图145　玉梳　战国早期
长 9.6cm，上宽 6cm，下宽 6.5cm，中厚 0.4cm。
1978 年湖北省随州市擂鼓墩曾侯乙墓出土，现藏于湖北省博物馆。

◎ 秦汉魏晋南北朝
（前221年—589年）

枕

公元前 202—220 年，汉

　　虎头玉枕由一条长方形的镶玉枕板和两只用整块玉雕琢而成，构成其形状宛如一条长方形。两端镶有饰着 35 片雕琢精美的三组各式雕花玉片，中间一组 8 片为"亚"字形玉片。两侧图案对称分布，其中还点缀着四件卷曲飞动的玉龙。两端的一对虎头，粗鼻大耳，双目圆睁，神采奕奕。

图146　虎头玉枕局部

图147　虎头玉枕

　　公元前 174—154 年

　　通长 35.5cm，宽 7.8cm，高 6cm。

　　江苏省徐州市狮子山楚王刘戊墓出土，现藏于江苏省徐州市博物馆。

图148　镶玉铜枕

　　西汉中期

　　通长 44.1cm，通高 17.6cm，宽 8.1cm。

　　1000 玉印　西汉中期　高 2.2cm，长宽各 2.7cm。

　　1968 年河北省满城县陵山 1 号墓出土，现藏于河北省博物馆。

酒器

东方朔《十洲记》："周穆王时，西国献夜光常满杯，是白玉之精，光明夜照。夕出杯于庭，比明常满。"狮子山王陵出土一组玉制酒器，有玉卮、玉耳杯、高足玉杯。雕花玉卮，呈圆筒形，形似现在常见的杯子。有身和器盖两部分，通高11.6cm，口径6.6cm，以和田青白玉雕琢，玉色青里泛黄，局部有深褐色的沁斑。玉卮造型典雅大方，盖顶有一条梅花状钮柱，钮柱一周勾连纹，在勾连纹带上还雕三个等距排列的螺旋状玉柱，像从杯中旋起的三条水柱，十分新颖别致。卮底部三只兽蹄形足，足根雕琢兽首。卮身表面满饰三组的精美图案，上下两组为较窄的对称勾连云纹带，线线勾连，婉转流云。卮壁半透明，厚仅0.2cm。高足纹玉杯两件，一件刻饕餮纹，通高11.6cm，口径6cm，足径3cm，壁厚0.2cm，玉质晶莹温润，局部有褐色沁斑。杯为圆筒形，杯身自上而下作弧状收缩，下有高圈足，呈喇叭状，杯体表面刻有三组纹饰，杯口处有一组饕餮纹。中部装饰一周勾连状的涡纹带，下部则是一组勾连云纹。线条细若毫发，采用阴线勾勒和浅浮雕相结合的雕刻技法使纹饰更加醒目流畅。

玉耳杯

耳杯起于先秦，盛行于两汉，大者可盛食物，小者可盛酒浆。常见的耳杯一般为铜质，或为漆木，陶质者亦常见，而玉材耳杯则十分罕见。杯体椭圆，口沿两侧有一对耳扳，平底浅腹，器表光素无纹，是一件实用器物。杯长14.3cm，耳宽22cm，高3.8cm，以整块和田青玉雕琢而成，通体抛光，托于掌中，透过玲珑剔透的杯壁隐隐可见指掌。

图149 玉蝉饰卮
西汉前期
通高 4.7cm，口径 2.3cm。
1951 年安徽省芜湖市月牙山墓
葬出土，现藏于安徽省博物馆。

图151 玉卮
汉
通高 11.6cm，口径 6.6cm。
江苏徐州狮子山楚王刘戊墓出土，
现藏于江苏省徐州市博物馆。

图150 玉夔凤纹卮
汉
高 12cm，口径 6.8cm，底径 6.8cm。
现藏于故宫博物院。

图152 玉杯
秦
高 14.5cm，口径 6.4cm，足径 4.5cm。
1976 年陕西省西安市西郊东张村秦
阿房宫遗址出土，现藏于陕西省西
安市文物局。

图153 玉杯

汉

通高 11.6cm，口径 6cm，

足径 3cm，壁厚 0.2cm。

江苏徐州狮子山楚王刘戊墓出土，

现藏于江苏省徐州市博物馆。

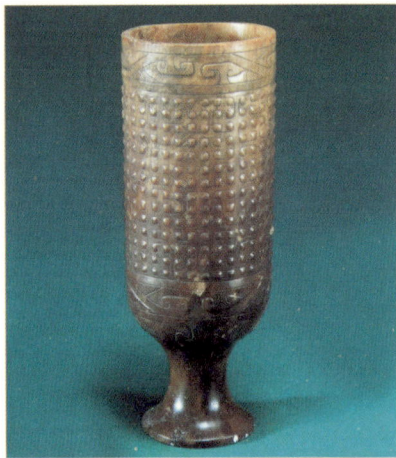

图154 玉杯

西汉前期

高 11.3cm，口径 4.5cm，足径 3.3cm。

1976 年广西壮族自治区贵县罗泊

湾 1 号墓出土，现藏于广西壮族

自治区博物馆。

图155 玉杯

三国（魏）

高 11.5cm，口径 5.2cm，底径

4cm。

1956 年河南省洛阳市涧西区魏

墓出土，现藏于洛阳市文物工

作队。

图 156　玉杯

铜承盘高足玉杯

西汉前期

通高 17cm，玉杯高 11.75cm，口径 4.15cm。

1983 年广东省广州市象岗南越王赵眜墓出土，现藏于广东省广州市西汉南越王墓博物馆。

第三篇

饰玉

SHIYU

人类素有爱美之心，饰玉的出现也可追溯至新石器时期。在距今5000—6000年的辽宁阜新查海遗址，出土了八件玉器，经地质学家全面鉴定，确认皆为真玉。其中玉玦四件，管状玦一件，全是秀闪石软玉，另一件凿是阳起石软玉。这八件真玉，出自不只一块玉料中，说明查海古人鉴别玉料的水平已相当高，已脱离早期用玉真假混杂不清的初级阶段，并有意识地制作为饰玉使用。

饰玉的种类多种多样，根据可佩带、挂坠于人体的依据划分，饰玉主要有佩玉、头饰、项饰、臂环、玉镯、玉璇玑、玉玦及各种坠饰。其中，良渚文化、红山文化遗址出土的各种动物形、象形坠饰，造型精美生动，尤为引人注目。佩玉则是在周代建立的一套完善的仪礼制度基础上出现的，佩玉由璜、冲牙、珠、珩等多种玉器穿连而成，不仅作为日常佩戴使用，还在祭祀、仪礼、陪葬中佩带，具有装饰及礼仪的多重功能。

佩玉

《礼记·曲礼》中有："君子无故，玉不去身，佩也。"《玉藻》中则有："君子于玉比德焉，由天子佩白玉，而玄组绶。"《诗·郑风·女曰鸡鸣》中则有："知子来是杂佩。""知子之来，杂佩以赠之。"《毛传》释为："杂佩者，珩、璜、琚、瑀、冲牙之类。"孔颖达《疏》曰："珩，佩上玉也；璜，圭璧也；琚，佩玉名也；瑀，玖；石，次玉也。冲牙亦玉为之，其状如牙，以冲穿前后也。"汉代贾谊《新书·容经》载有："鸣玉者，佩玉也，上有双珩，下有双璜，冲牙（虫宾）珠，以纳其间，琚瑀以杂之。"宋代朱熹《诗集传》则释为："杂佩者，左右佩玉也，上横曰珩，下系三组，贯以（虫宾）珠，中组之半贯以大珠曰瑀，末悬一玉，两端皆瑞曰冲牙。"郑司农《疏》曰："所佩白玉谓衡、璜、琚、瑀。玄组绶者；用玄组绦穿连衡璜等，使相承受。"屈原在《楚辞》中有多处言及佩，《楚辞·九章·涉江》：“波明月兮佩宝璐。”王逸注：“言已被明月之珠要（腰）佩美玉。”《楚辞·离骚》：“解佩纕以结言兮。”王逸注“纕，佩带也”《楚辞·招魂》“指陈组缨”，王逸注“组，绥”，也就是组佩。可见，佩玉是古时男子常佩左右的一组玉饰，由多种玉饰组成，象征了君子应具备的高尚品格。

■◎ 新石器时代
（前5000年—前2000年）

图157 玉饰

江淮地区薛家岗文化

长 2.1cm ~ 4cm。

1979年安徽省潜山县河镇乡永岗村54号墓出土，现藏于安徽省文物考古研究所。

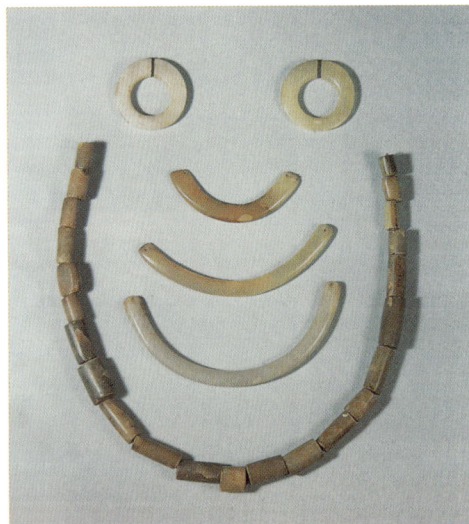

图158　玉玦、玉璜、玉管
江淮地区北阴阳营文化
玉玦直径5.2cm，璜宽9.3cm～
15.7cm，管长1.4cm～3.5cm。
1955年江苏省南京市北阴阳营
遗址第四层出土，现藏于南京
博物院。

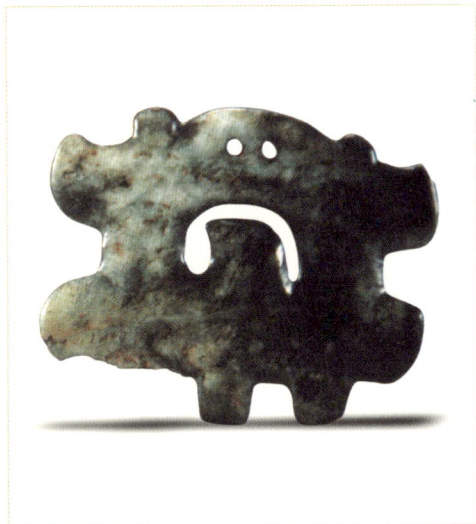

图159　玉勾云形器
红山文化
长11.3cm，宽8.9cm，厚0.35cm。
现藏于辽宁省博物馆。

图160　玉勾云鸟形佩
红山文化
长16cm，宽9.8cm。
现藏于天津市艺术博物馆。

图161　玉勾云双鸟形佩

红山文化

长 16.5cm，宽 5.4cm。

现藏于天津市艺术博物馆。

图162　玉鹰形佩

红山文化

高 4.8cm，宽 4.6cm，厚 0.6cm。

辽宁省阜新县石戈乡台吉营子

村出土，现藏于辽宁省博物馆。

图163　玉鸟形佩

红山文化

高 2.4cm，宽 2cm。

辽宁省阜新县石戈乡台吉营子

村出土，现藏于辽宁省博物馆。

图 164　玉人面形佩

　　大溪文化

　　高 6cm。

　　1959 年四川省巫山大

　　溪遗址出土，现藏于

　　四川省博物馆。

图 165　玉玦

　　龙山文化

　　直径 1.2cm。

　　1976 年河南省孟津县

　　小潘沟出土，现藏于河

　　南省洛阳市博物馆。

图 166　玉兽形玦

红山文化

高 15cm，最宽 10cm，断面最厚 4cm。

辽宁省建平县采集，现藏于辽宁省博物馆。

图 167　玉玦

马家浜文化

直径 3.2cm。

1959 年浙江省嘉义市马家浜遗

址出土，现藏于浙江省博物馆。

图168　玉玦

马家浜文化

直径 2.1cm，孔径 0.6cm ~ 0.9cm，厚 1.7cm。

1974 年江苏省常州市圩墩出土，现藏于南京博物院。

图169　玉玦

马家浜文化

直径 3.1cm。

1976 年上海市青浦县崧泽遗址下层出土，现藏于上海市文物管理委员会。

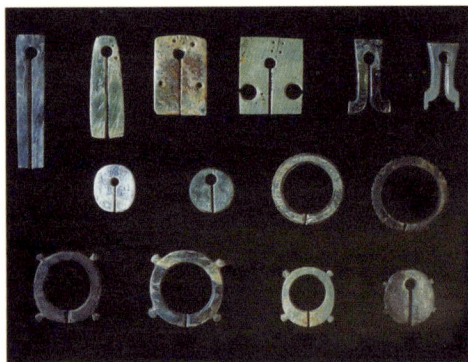

图170 玉玦
卑南文化
台湾台东县卑南遗址玉耳饰
的主要类型。

图171 玉双人兽形玦
卑南文化
台湾台东县卑南遗址 B2413
号复体葬石板棺内出土。

◎夏商西周
（前2100年—前770年）

山西省曲沃县天马—曲村西
周晚期出土胸腹玉佩饰。公元前
771—前655年，西周晚期，河南省
三门峡市上村岭虢国墓地1820号
墓，墓主人为苏国嫁到虢国的贵族
女子。出土了一组大型玉佩饰，以
由小到大的7件玉璜为主，玉璜之
间双排两玛瑙琉璃珠连缀，由颈覆
盖至下膝。

公元前771—前476年，春秋时期，
山西省侯马市曲村晋侯墓地63号墓，
为晋文侯夫人之墓。该墓出土整套玉
佩饰由玛瑙和玉珠将47件玉璜，3件
玉珩和2件玉鸭连缀，佩挂颈上，下
部可长过膝下。精美华贵堪称国宝。

图172 玉饰
西周
长约40cm。
1981年8月陕西省扶风县黄堆乡
强家村出土，现藏于陕西省扶风县
周原博物馆。

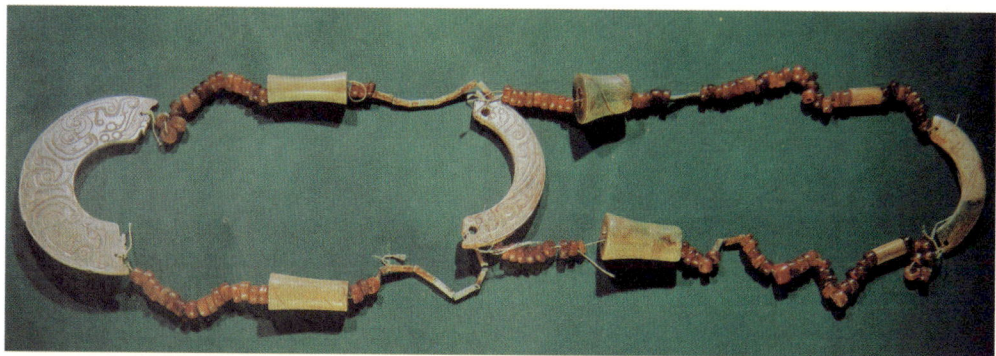

图173　玉三璜串饰

西周

大：长12.2cm，宽3.3cm；中：长10.8cm，宽2.1cm；小：长9.4cm，宽1.7cm。
1983年陕西省长安县张家坡村58号墓出土，现藏于中国社会科学院考古研究所。

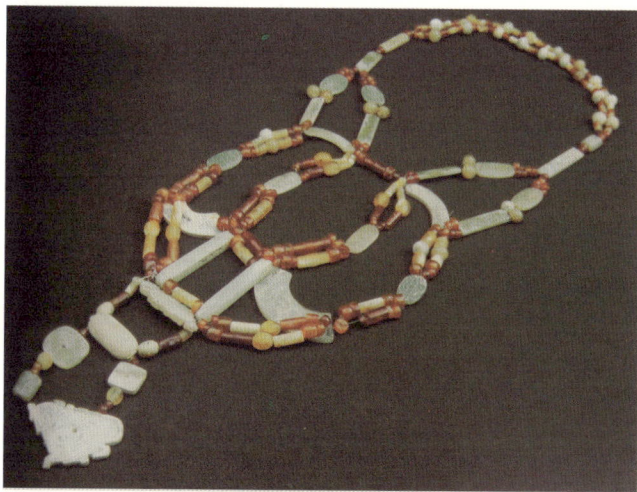

图174　玉项链

西周

长约50cm，宽约30cm。

1981年8月陕西省扶风县黄堆乡强家村出土，现藏于陕西省扶风县周原博物馆。

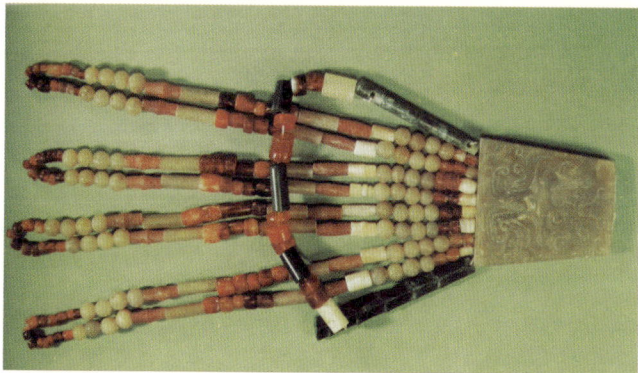

图175　玉佩饰

西周

长35.5cm，最宽处9cm。

1990年河南省平顶山市西周墓出土，现藏于河南省博物馆。

图176　黄玉鹰攫人首佩
　　　　商代
　　　　高9.1cm，宽5.2cm，厚0.9cm。
　　　　现藏于故宫博物院。

图177　龙形玉玦
　　　　商代晚期
　　　　直径5.5cm，孔径1.2cm，厚0.5cm。
　　　　1976年妇好墓出土，现藏于中
　　　　国社会科学院考古研究所。

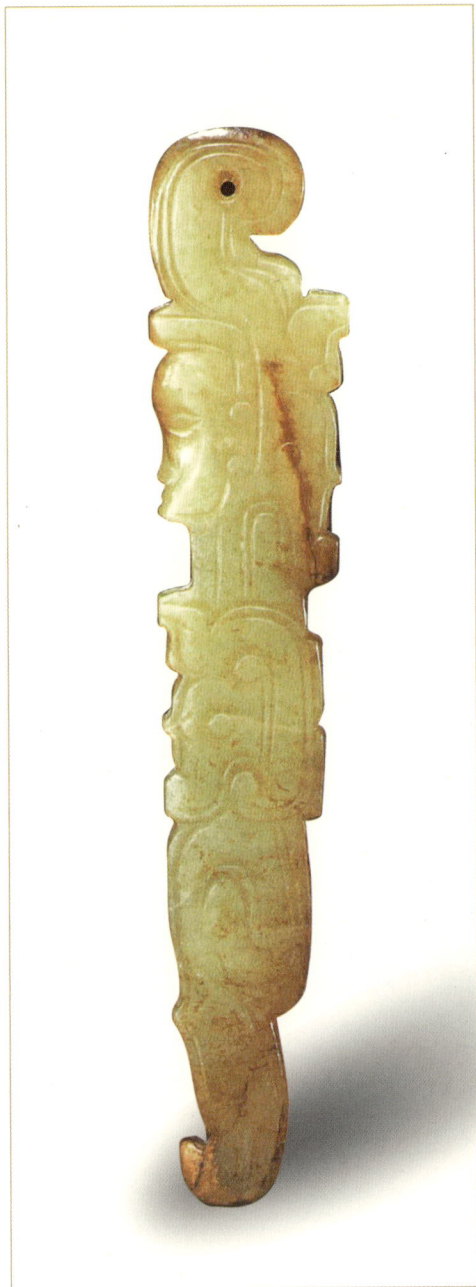

图178　青玉夔纹人首佩
　　　　西周
　　　　高8.3cm，宽1.5cm，厚0.4cm。
　　　　现藏于故宫博物院。

图179　黄玉螳螂形佩

　　　　商代晚期

　　　　长 9.6cm，宽 2.3cm，厚 0.7cm。

　　　　传河南安阳出土，现藏于天津市艺术博物馆。

图180　青玉龙形玦

　　　　商代晚期

　　　　直径 4.5cm，厚 0.4cm。

　　　　传河南安阳出土，现藏于天津
　　　　市艺术博物馆。

图181　玉笄

　　　　商代晚期

　　　　右：长 16.7cm，厚 0.4cm；左：
　　　　长 16.5cm，厚 0.5cm。

　　　　1977 年河南省安阳市小屯 18 号
　　　　墓出土，现藏于中国社会科学院
　　　　考古研究所。

图182　玉笄

西周

长 13cm。

1950 年政府拨交，藏于陕西省历史博物馆。

◎ 春秋战国
（前770年—前221年）

湖北省随州市擂鼓墩曾侯乙墓、洛阳市金村东周墓、郭沫若考证墓中所出金链舞女玉佩，以金链贯穿玉质舞女及璜、管、冲牙等组成佩饰，可挂于颈部垂于胸前。

河南辉县战国墓出土两件玉佩于玉瑗上挂左右两个珩，左右珩下各挂一个璜，中央从瑗上直接悬挂一个冲牙，垂于珩和璜之间，以上出土全佩与"妇礼图"等所画玉佩形制并不完全相符。

公元前310年，河北平山中山国王陪葬墓出土三龙环形玉佩、三龙透空雕镂。

安徽省长丰县杨公乡战国墓出土青玉，镂空龙凤纹佩，青玉镂空龙形佩，黄玉镂空龙形佩。

龙形玉佩，有双龙，也有单龙，风格独特，造型奇丽，是西汉早期楚国玉雕匠师的杰作。如双龙玉佩，继承了战国玉雕的精华，使传统的对称布局，曲线构图镂刻技术更加成熟；又如单龙玉佩，则在构图上冲破传统对称布局的束缚，生动活泼，奇丽奔放，另辟蹊径，成功地运用了不对称的整体均衡规律，以求得作品变化灵活的艺术效果。

公元前296—前263年，战国中期，湖北江陵纪南城武昌义地6号战国楚墓出土彩绘编衣木俑，在胸部以下左右各垂挂一组玉佩，玉璜多有方形、圆形玉相隔组合，亦属组佩一类。

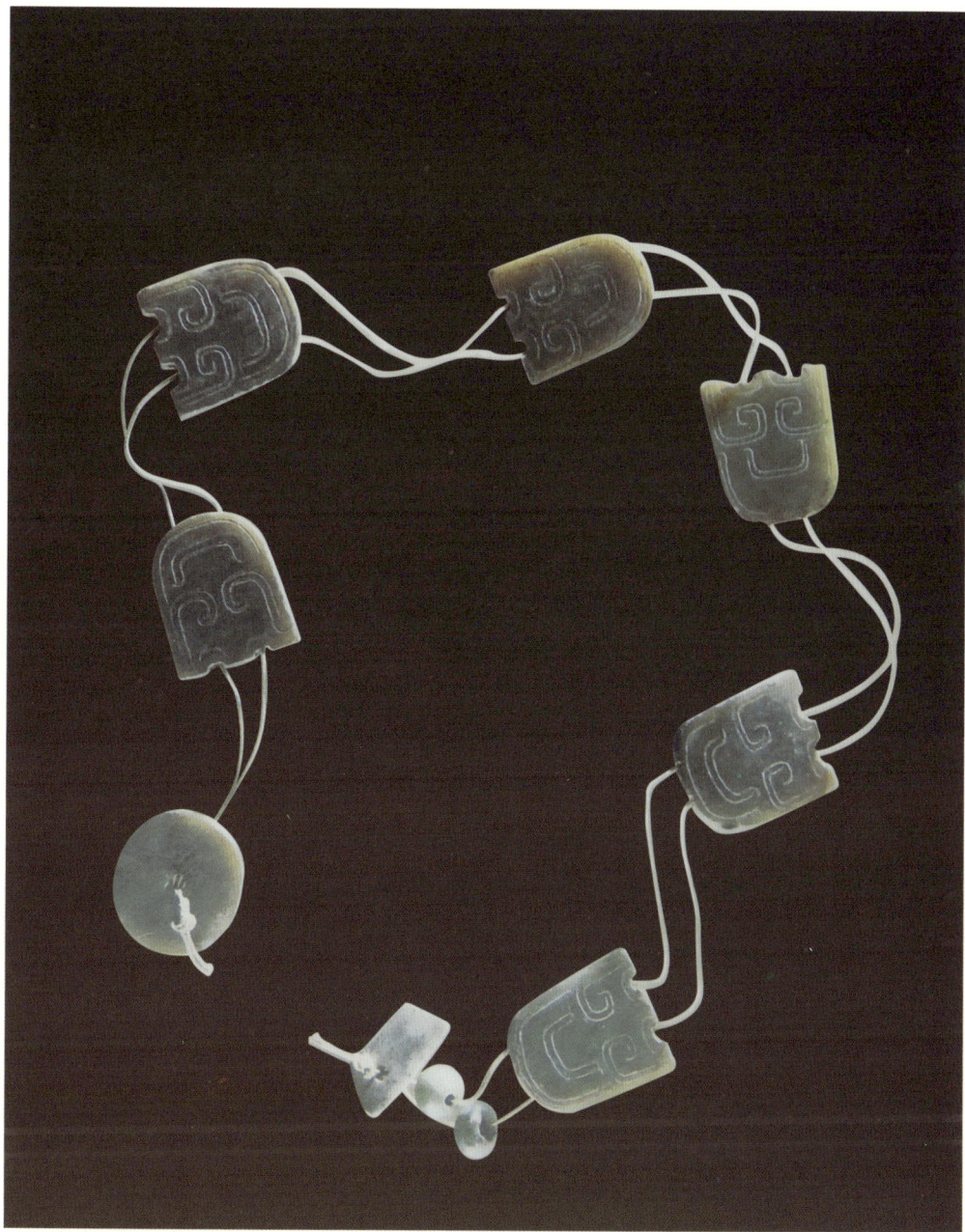

图183 玉珠、玉片项饰

春秋早期

玉珠径 0.3cm，厚 0.2cm；马蹄形玉饰长 2cm，宽 2.5cm。

1956 至 1957 年河南省三门峡市上村岭虢国墓地 1634 号墓出土，现藏于中国历史博物馆。

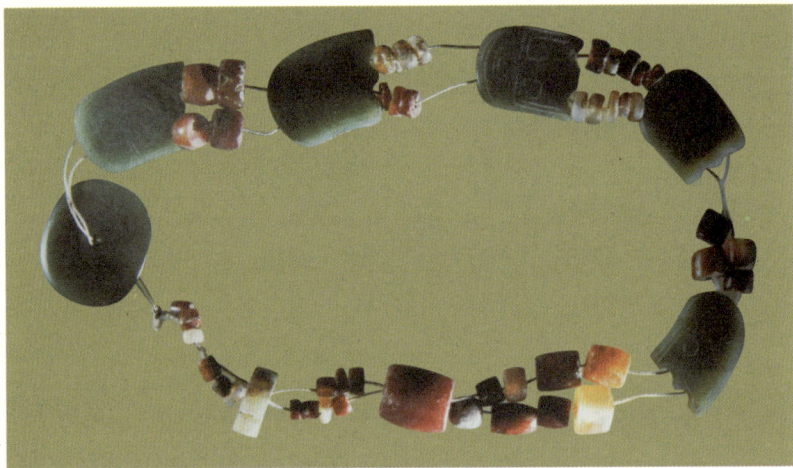

图184　鸡血色石珠、马蹄形玉石饰串饰

春秋早期

鸡血色石珠径 0.3cm，玉马蹄形饰长 2cm，宽 2.5cm。

1956 至 1957 年河南省三门峡市上村岭虢国墓地 1662 号墓出土，现藏于中国历史博物馆。

图185　玉龙形佩

春秋晚期

长 10.3cm，厚 0.4cm。

1988 年山西省太原市金胜村晋卿赵氏墓出土，现藏于山西省考古研究所。

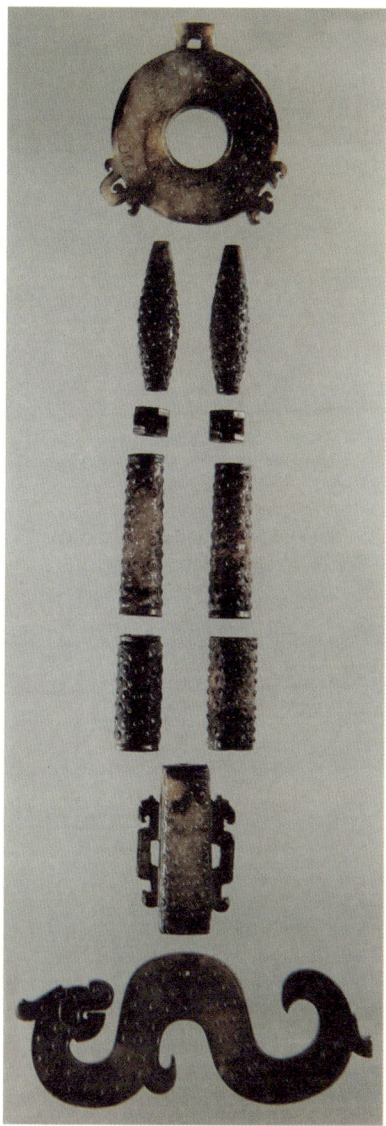

图186　组玉佩

战国早期

大玉髓环径 5.5cm，小玉
髓环径 3cm，玉璧 3.6cm，
石夔龙长 7.1cm。

1955 年河南省洛阳市中
州路 1316 号墓出土，现
藏于中国历史博物馆。

图187　组玉佩

战国中期

玉环径 5.2cm，龙形饰长 10.7cm，
通长 31cm。

1978 年山东省曲阜县鲁国故城
乙组 58 号墓出土，现藏于山东
省曲阜市文物管理委员会。

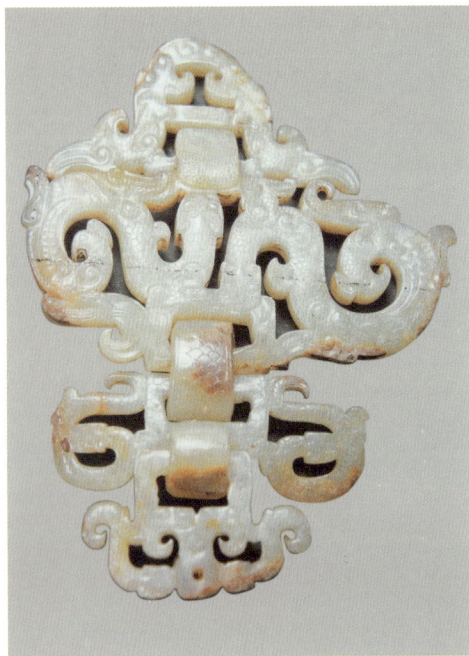

图188　玉四节佩

战国早期

长 9.5cm，宽 7.2cm，厚 0.4cm。

1978 年湖北省随州市擂鼓墩曾侯乙墓出土，现藏于湖北省博物馆。

图189　玉多节龙凤纹佩

战国早期

长 48cm，宽 8.3cm，厚 0.5cm。

1978 年湖北省随州市擂鼓墩曾侯乙墓出土，现藏于湖北省博物馆。

图190　玉鸟首形佩

战国早期

长 9.3cm，宽 2.9cm，厚 0.4cm。

1978 年湖北省随州市擂鼓墩曾侯乙墓出土，现藏于湖北省博物馆。

图191 玉龙佩
战国中期
长 23.2cm, 宽 11.4cm。
1974年河北省平山县南七汲中山国 1 号墓陪葬墓出土, 现藏于
河北省文物研究所。

图192 玉猛虎食人佩
战国
长 6.2cm, 宽 3.8cm。
现藏于中国历史博物馆。

图193　玉玦

春秋早期

外径 3.2cm, 高 2.65cm。

1983 年河南省光山县宝相寺黄君孟夫妇墓出土, 现藏于河南省信阳地区文物管理委员会。

图194　石玦与石片

东周

石径 4cm ~ 4.2cm，石片长 3.7cm，宽 2.7cm ~ 3.3cm。

1955 年河南省洛阳市中州路 1 号墓出土，现藏于中国历史博物馆。

图195 玉玦

春秋晚期

直径 5.9cm, 孔径 2.8cm。

1978 年河南淅川县下寺 1 号墓
出土,现藏于河南省文物研究所。

图197 玉冲牙、玉觿

春秋晚期

玉冲牙长约 5.6cm,玉觿长 4.5cm。

河南省淅川县下寺 1 号墓出土,
现藏于河南省文物研究所。

图196 玉冲牙

春秋晚期

高 4.5cm,宽 5.5cm,断面直径 0.5cm。

1978 年河南省淅川县下寺 1 号墓
出土,现藏于河南省文物研究所。

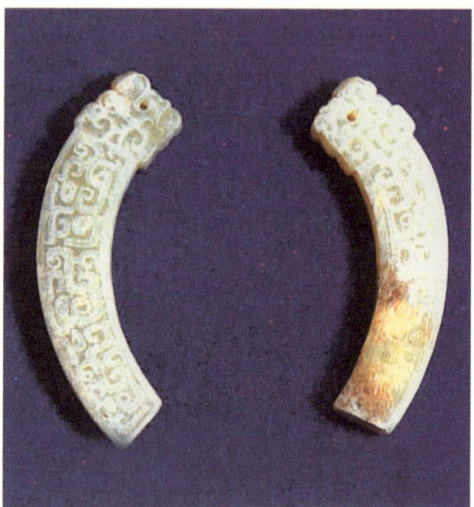

图198 玉冲牙

春秋晚期

长 5.3cm, 宽 0.7cm, 厚 0.65cm。

1978 年河南淅川县下寺 1 号墓出
土,现藏于河南省文物研究所。

图199　玉冲牙

春秋晚期

长 8.5cm, 宽 2.85cm, 厚 0.2cm ~ 0.3cm。

1986 年江苏省吴县严山出土, 现藏于江苏省吴县文物管理委员会。

图200　玉冲牙

战国中期

长 6.8cm。

1977 年河北省平山县南七汲中山国 1 号墓出土, 现藏于河北省文物研究所。

图201　玉鱼形冲牙

战国

长 6.9cm, 宽 1.7cm。

1955 年四川成都市羊子山 172 号墓出土, 现藏于四川省博物馆。

◎ 秦汉魏晋南北朝
（前221年—589年）

公元前 154 年, 汉景帝三年, 楚王刘戊（前 174—前 154）墓, 位于徐州狮子山。

玉冲牙

冲牙是我国古代组玉佩的配件之一。大概是因其头宽尾尖形状似一颗弯曲的獠牙而得名, 也颇有些近似角焦。

图202 　组玉佩

西汉前期

1983 年广东省广州市象岗南越
王赵眜墓出土,现藏于广东省
广州市西汉南越王墓博物馆。

图203 　组玉佩

西汉前期

1983 年广东省广州市象岗南越
王赵眜墓出土,现藏于广东省
广州市西汉南越王墓博物馆。

图204　玉蝶形佩

西汉中期

长 5.2cm，宽 4.1cm，厚 0.3cm。

1968年河北省满城县陵山 2 号墓出土，现藏于河北省博物馆。

图205　玉舞人

西汉

长 4.65cm，宽 2.55cm。

1986年河南省永城县芒山镇僖山汉墓出土，现藏于河南省商丘博物馆。

图206　玉扇形佩

东汉

长 15.7cm，宽 6.8cm。

1969年河北省定县（今定州市）43号汉墓出土，现藏于河北省定州市博物馆。

图207　玉龙螭纹佩

魏晋

长 9.4cm，宽 6.9cm。

现藏于天津市艺术博物馆。

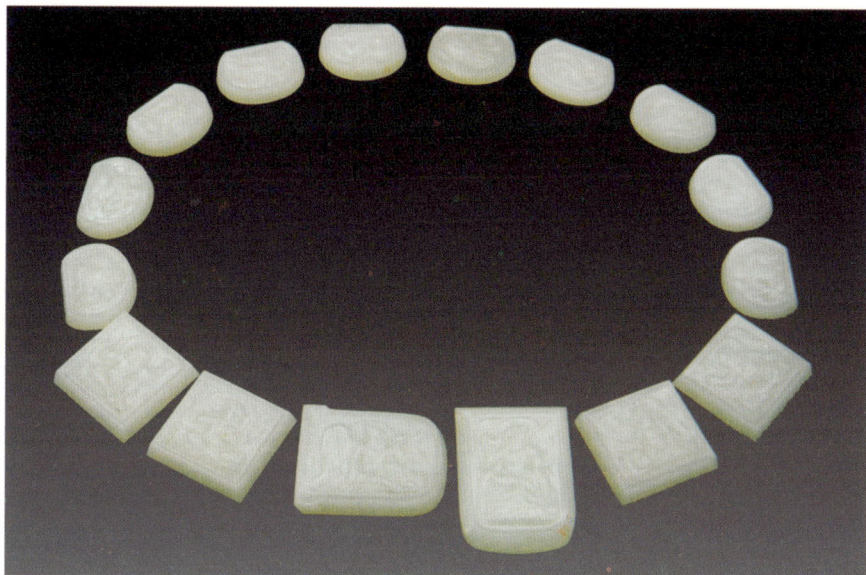

图208　白玉伎乐人纹带

唐

长 3.5cm ～ 4.5cm。

1970 年西安市南郊何家村出土,现藏于陕西省历史博物馆。

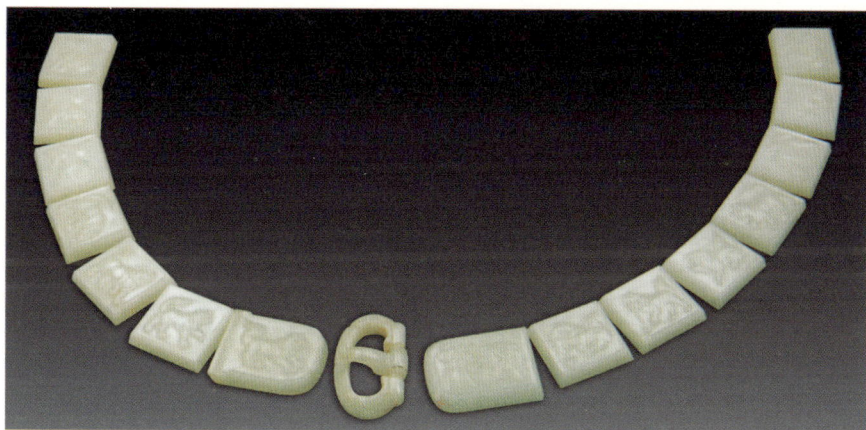

图209　白玉狮纹带

唐

长 3.5cm ～ 5cm。

1970 年西安市南郊何家村出土,现藏于陕西省历史博物馆。

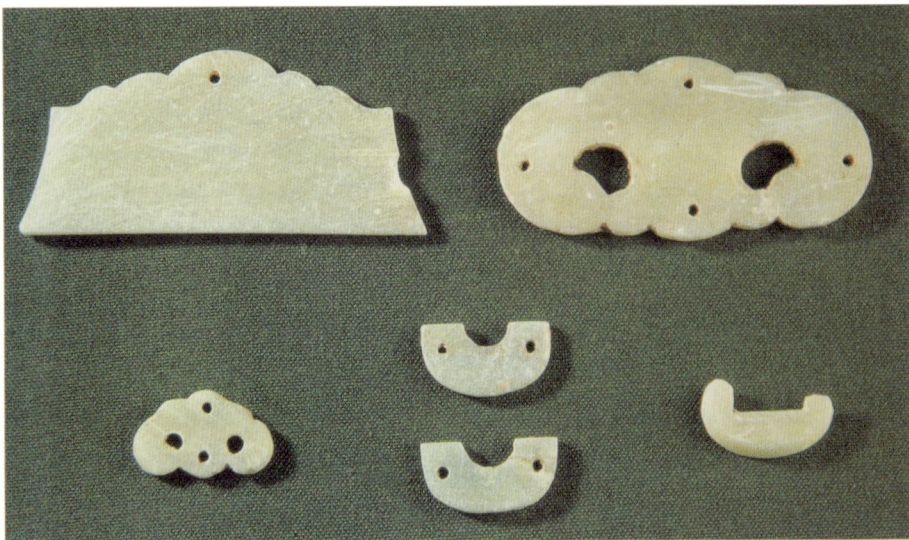

图210 青玉佩饰

唐

最大一件宽 6.4cm，高 2.8cm，各件均厚 0.2cm。

1972年陕西省礼泉县兴隆村越王李贞墓出土，现藏于陕西省昭陵博物馆。

图211 青玉鸟衔花佩

唐

长 7.6cm，宽 3.8cm，厚 0.8cm。

现藏于故宫博物院。

璇玑

璇玑也称牙璧,与璧的形制相似,但有"机牙"。夏鼐先生考定为装饰品。

河北省藁城县台西村商代遗址(前1520—前1300年),112号贵族墓,墓主饰物铜币12枚。玉璇玑、玉佩饰各一件。

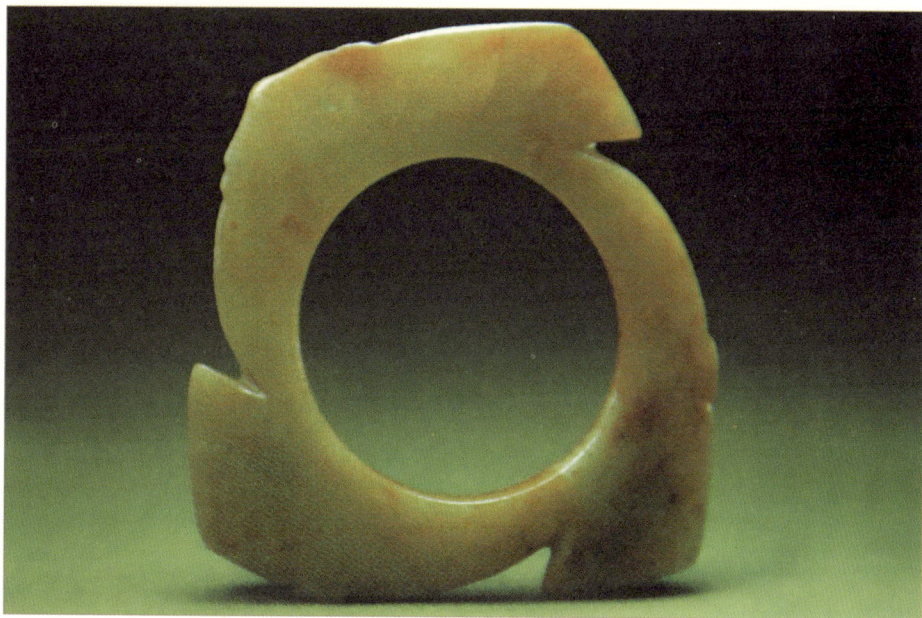

图212 玉璇玑

商代早期

最大径12.2cm,孔径6.4cm,厚0.8cm。

现藏于故宫博物院。

图213 青玉璇玑

西周

外径13.8cm,内径7.4cm。

1974年5月陕西省长武县出土,现藏于陕西省历史博物馆。

头饰、项饰

头饰包括笄、簪等装饰于头部，又有悬饰于耳部。项饰则包括由玉管、玉珠等串联而成的项链等饰品。

内蒙古敖汉旗兴隆洼遗址出土一对玉玦。

浙江省余姚河姆渡遗址出土（前5000—前3000年）玉玦，外径4.6cm，内径2.3cm，厚0.8cm。

象山县塔山遗址出土一对玉玦，一为外径4cm，内径1.8cm，一为外径4.6cm，内径2.3cm。

辽宁沈阳市北陵附近新乐遗址出土（前5300—前4800年）玉珠饰品。

山西省保德县林遮山谷一座商代墓，墓主佩带一串由六根金丝组成的波形饰物。胸部带珠管串饰共18枚，是用琥珀、绿松石、玉、骨等材料制成。（保德县新发现殷代青铜器《文物》1972年第4期）

江西新干大洋洲商代墓出土玉饰品达754件，玉料有新疆和田玉、陕西蓝田的洛翡王、辽宁的岫玉、河南的密玉及南阳的独山玉、浙江的青田玉、湖北郧县竹山的绿松石，还有产自本地区的鄂赣边境内幕阜山的水晶。饰品中有颈饰项链，以及佩饰、坠饰和串珠。

河南安阳殷墟遗址出土（前1300—前1046年）装饰品有笄、镯、坠饰以及雕琢成各种动物的艺术品。（玉人、玉凤、玉龙、玉鹰、玉龙及怪鸟等）

坠饰

坠饰包括各种形状、钻有小孔，便于穿绳吊坠于身体各处用于装饰作用的饰玉。其中，人、动物象形坠饰是最富艺术性的饰玉，其他还有如柄形饰、勾云形玉器等。

红山文化（前 3500—前 2900 年），出土玉猪龙。内蒙古巴林右旗那斯台遗址出土鹗形玉器。位于阜新市西约 45 千米的胡头沟墓地出土勾云形玉器。位于辽宁阜新胡头沟红山文化玉器墓出土玉猪龙、玉鸟和玉龟。玉猪龙、猪首、龙身，蜷曲如璧或环状，首尾分界，多以在璧或环上切开一豁口来表现。有的豁口并不完全切透，而做成首尾相连的式样，头部刻出五官，龙身上穿一孔，这种玉器长度多在 5~10cm。翁牛特旗三星他拉的一件玉猪龙，其最大长度达29.5cm，是这种玉器中体积最大的。

玉鸟最长不超过 4cm，常作双翅挺展的鹗形；玉龟做出隆起的背、头颈的四肢，长一般在5cm 左右，其他动物类玉器还有玉鱼和玉蚕。

河南偃师县二里头遗址出土装饰品：镶嵌绿松石兽面铜牌饰，制作精美，体现出当时已熟练地掌握了镶嵌技术。

玉器，为礼器和装饰品。器形有圭、璋、琮、钺、戈和柄形器。其中一件柄形器有上、中、下三组兽面纹，其间饰两组花瓣纹，兽面用单线和浮雕相结合技法雕成。

河南安阳殷墟遗址出土雕琢成各种动物的艺术品（前 1300—前 1046 年）。（如玉人、玉凤、玉龙、玉鹰、玉龙及怪鸟等）

西周丰镐遗址（前 1046—前771 年），张家坡墓址出土玉饰品：柄形饰串饰，各种动物形象：鱼、鸟、牛、鹿，其中以各种鱼形的石雕为最多。

河南浚县辛村卫国墓址。玉

石器：鸟、兽、鱼、虫、象形饰件，均为刻在骨板上的美丽花纹。

西周（前 1046 年），山西侯马翼城天马—曲沃墓葬出土

玉器：柄形器鸟、兽、鱼、虫等器。

第四篇

冥玉

陪葬中使用的玉器都可称为冥玉，如主人生前佩带的饰玉、使用的器具、用于仪礼的礼玉等，但此处的冥玉只包括专为丧葬用途制作与使用的玉器，而无法用于日常与宗教祭祀活动中。如玉衣、玉棺、玉晗等。

玉衣

《汉制》载有：帝王的殓服，按等级分金缕玉衣、银缕玉衣、铜缕玉衣。玉衣称玉柙。《西京杂记》载："汉帝送死皆珠襦玉匣，匣形如铠甲，连以金缕，武帝匣上皆缕为蛟龙鸾凤龟龙之象，谓蛟龙玉匣。"《后汉书·礼仪志》中有"金缕玉柙"，《注》引《汉旧仪》曰："帝崩以玉为襦，如铠状连缝之，以黄金为缕，腰以下为玉为札，长一尺，广二寸半为柙，下至足，亦缝以黄金缕。"从史料可见，玉衣的出现是在汉代以后，而出土玉衣也从实物方面佐证了这些史料的真实性。

公元前179—前141年，汉文帝、锦帝时期，陕西咸阳市杨家湾村附近，杨家湾汉室可能为周勃（死于前169年）、周业成（死于前143年）两墓。两墓各遗有玉衣片200余枚，且在5号墓的玉衣片上存有银缕。

前154年，楚王刘戊（前174—前154年）墓，位于徐州狮子山。出土金缕玉衣，玉衣全长174cm，肩宽46cm，各种形制的鱼片4248片，黄金1600余克。玉片全部为新疆的和田美玉。

广州市象山南越王赵胡（眛）墓出土殓服（前122年，汉武帝元狩元年），一丝缕玉衣，长1.73米，如人体形状，共用玉片2291块。头套，如人头形，分头罩和面罩两部分。头套顶部用一块直径7.4cm青玉璧收口。上身衣，由上身和两神筒组成，身长72cm，胸围120cm，共537块玉片，两袖成扁筒状，左袖用205块玉片，右袖用209块玉片。手套，左右对称，握拳状，分拇指、四指和掌心3部分。长16cm，宽14cm。左手套用113块玉片，右手套用121块玉片。裤筒，左筒用266片玉片，右筒用388块玉片。鞋：左右鞋形相同，长29.5cm，宽10.5cm，左鞋用108块玉片，右鞋用109片。

刘胜和窦绾均以"金缕玉衣"为殓服。金缕玉衣分头部、上衣、裤筒、手套和鞋5部分，全部由玉片拼成，用金丝编缀。刘胜的玉衣由 2498 片玉片组成,所用金丝约 1100 克。

汉宣帝时期,张安世大型墓园,多代家族墓地出土玉衣片,玉璧数枚(前 73—前 49 年)。

山东曲阜九龙山第三代鲁王刘庆忌墓出土银缕玉衣残片(前 51 年,汉宣帝甘露三年)。

安徽省亳县城南郊曹腾董园村一号墓。曹腾夫妇合葬墓,出土银缕玉衣、铜缕玉衣各一套(东汉桓帝建和元年)。(曹操祖父)

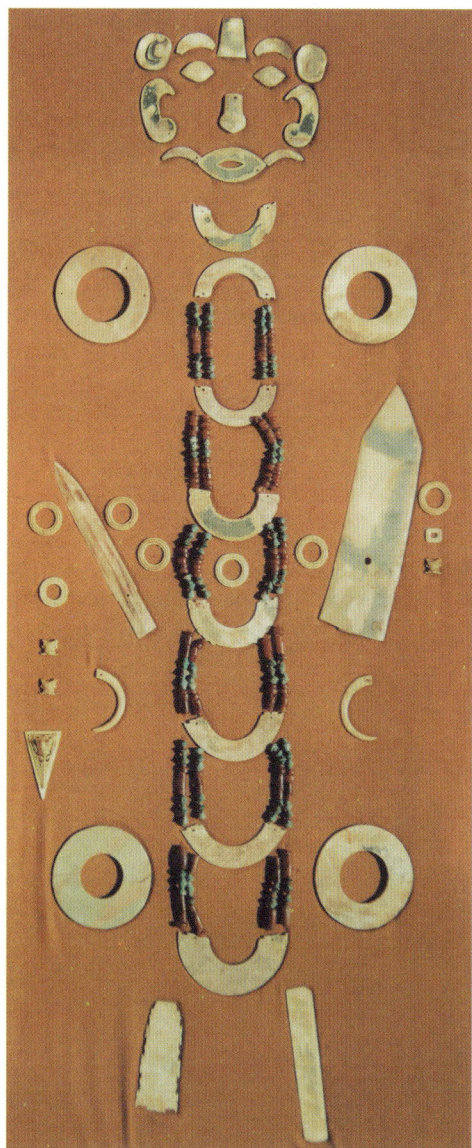

图214　金玉面罩、佩饰
西周
面罩部分中最大径 10.7cm。
1990 年河南省三门峡市西周虢国贵族墓出土,现藏于河南省文物研究所。

图215　石人面形片饰

战国早期

石片最长的 3cm，最宽的 3cm 左右。

1954 至 1955 年河南省洛阳市中州路 1316 号墓出土，现藏于中国历史博物馆。

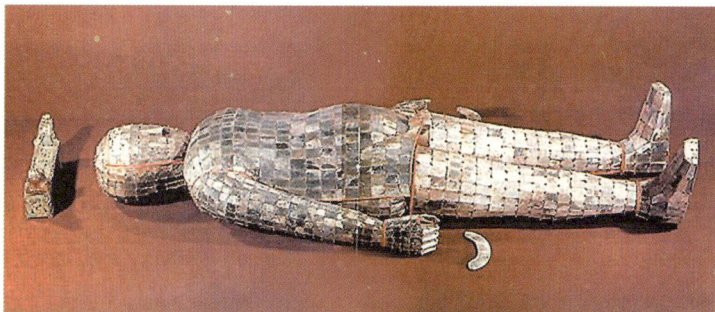

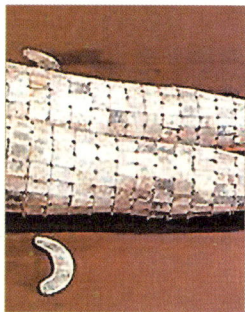

图216　玉衣

　　金缕玉衣

　　河北省满城中山靖王刘胜墓出土。

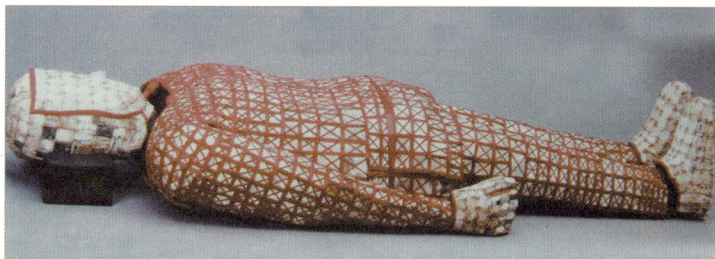

图217　玉衣 丝缕玉衣

　　西汉前期

　　通长173cm，肩宽44cm。

　　1983年广东省广州市象岗南越王赵眜墓出土，现藏于广东省广州市西汉南越王墓博物馆。

玉棺

楚王刘戊（前174—前154）墓，位于徐州狮子山。玉棺，出土时已残散。经复原，该棺长280cm，宽110cm，高107cm。形体大，用玉料多。棺为木制漆棺，在表面镶贴玉片而成。使用各种形状玉片1095片，此外还镶嵌有玉璧，图案十分精美奇妙。玉棺两端图案外（下）方内（上）圆，象征着天地，这亦是我国古代原始宇宙观。玉片均选自新疆玛纳斯河出产的上等碧玉，玉质纯正，色泽深沉，表面抛光，光彩夺目。

河北省满城陵山上西汉中山靖王刘胜墓及其妻窦绾墓。刘胜的棺椁置于汉白玉的棺床上。棺内周壁用192块玉版镶嵌，棺外壁镶嵌玉璧、棺盖及左右侧壁各镶8块，前后端均嵌大型玉璧一块。

图218 镶玉漆棺

长280cm，宽110cm，高107cm。

江苏徐州狮子山楚王墓出土，现藏于江苏省徐州市博物馆。

玉琀

图219 玉琀

崧泽文化

长 4.2cm。

1976年上海市青浦县崧泽遗址下层出土，现藏于上海市文物管理委员会。

图220　玉琀

战国早期

长 1.2cm ～ 2.4cm，高 0.5cm ～ 0.8cm。

1978 年湖北省随州市擂鼓墩曾侯乙墓出土，现藏于湖北省博物馆。